Poesía

Letras Hispánicas

José Agustín Goytisolo

Poesía

Edición de Carme Riera

DÉCIMA EDICIÓN

CÁTEDRA
LETRAS HISPÁNICAS

1.ª edición, 1999
10.ª edición, 2024

Reservados todos los derechos. El contenido de esta obra está protegido por la Ley, que establece penas de prisión y/o multas, además de las correspondientes indemnizaciones por daños y perjuicios, para quienes reprodujeren, plagiaren, distribuyeren o comunicaren públicamente, en todo o en parte, una obra literaria, artística o científica, o su transformación, interpretación o ejecución artística fijada en cualquier tipo de soporte o comunicada a través de cualquier medio, sin la preceptiva autorización.

© José Agustín Goytisolo
© Edición, prólogo y notas Carme Riera, 1999, 2024
© Ediciones Cátedra (Grupo Anaya, S. A.), 1999, 2024
Valentín Beato, 21. 28037 Madrid
Depósito legal: M. 15.132-2009
ISBN: 978-84-376-1693-3
Printed in Spain

Índice

INTRODUCCIÓN	17
Un itinerario poético	19
De *El retorno* a *Final de un adiós:* la elegía en la poesía de José Agustín Goytisolo	32
El recurso de la ironía en torno a *Salmos al viento*	44
Apéndice. Las entregas poéticas	61
El retorno	61
Salmos al viento	62
Claridad	63
Años decisivos	66
Algo sucede	67
Bajo tolerancia	68
Taller de arquitectura	70
Del tiempo y del olvido	71
Palabras para Julia	74
Los pasos del cazador	75
A veces gran amor	78
Sobre las circunstancias	80
Final de un adiós	82
El rey mendigo	83
La noche le es propicia	84
Novísima oda a Barcelona	86
El ángel verde y otros poemas encontrados	87
Elegías a Julia Gay	88
Como los trenes de la noche	88
Cuadernos de El Escorial	89
Las horas quemadas	90

ESTA EDICIÓN	93
BIBLIOGRAFÍA	95
EL RETORNO (1955/1986)	105
I. Sobre vosotras aves	107
IV. Salud, abandonados	107
V. Cercada por la vida	108
VIII. El silencio profanado	109
X. Como la piel de un fruto	109
XIV. Una palabra sola	110
XVI. Mujer de muerte	110
XVII. No dejes no	111
XVIII. El jardín era sombra	111
XIX. Las fogatas	112
XX. Tu mirada hacia el fondo	112
SALMOS AL VIENTO (1958/1980)	115
Los celestiales	117
Apología del libre	119
Las visitas	120
Idilio y marcha nupcial	122
El señalado	124
La humedad de las niñas	125
El hijo pródigo	126
La muerte fuerte	128
Vida del justo	130
Autobiografía	132
El profeta	133
CLARIDAD (1961/1998)	137
El intruso	139
Cinco años	139
La campana	140
El nuevo jardín	141
Como un ciego miré	141
Mis maestros	142
Cantos rodados	142

Americanos	143
Un día estabas cantando	144
Con nosotros	144
Encuentro	145
Homenaje en Colliure	145
Me cuentan cómo fue	146
Pendiente de juicio	147
En mi ciudad algún día	147

Algo sucede (1968/1996) 149

Mis habitaciones	151
Adiós	153
Aporto nuevos síntomas	153
Nochebuena con Rosa	154
Quiero ser gato	156
Como la hiedra	157
Carta a mi hermano	157
Todavía estoy vivo	159
Una historia de amor	160
Días de luz	161
Alta fidelidad	162
Noches blancas	162
A una mujer con cara de cabra	163
Tú tiemblas	164
Piazza Sant'Alessandro, 6	165
El discípulo	166
Bilbao Song	168
Como en la belle époque	169
Pierre, le maquis	170

Bajo tolerancia (1973/1996) 173

Bécquer en Veruela, julio de 1864	175
En Londres para un cantor de sombras	176
Bolero	177
Así son	178
Los motivos auténticos del caso	179
Recordando a Henry Miller	179
Esos locos furiosos increíbles	181

A Hans Magnus le roban la maleta	182
Ella dio su voto a Nixon	183
Precisamente entonces	184
Salida de la bella horrible Lima	185
Si todo vuelve a comenzar	186

TALLER DE ARQUITECTURA (1977/1995) 189

Como una lluvia antigua	191
El solitario	192
El único sentido de la historia	193
El argumento es colectivo y múltiple	193
Ventana a la plaza de San Gregorio	194
Hacia la autopista	196

DEL TIEMPO Y DEL OLVIDO (1977/1980) 199

Me cuentan cómo fue	201
Sobre la temporada en Barcelona	201
Non non	203
Qué linda es Pepa	203
Las mujeres de antes	204
Algo sucede	205
Más que una palabra	206

PALABRAS PARA JULIA Y OTRAS CANCIONES (1979/1994) 209

Palabras para Julia	211
La nana de Julia	212
Falta muy poco tiempo	213

LOS PASOS DEL CAZADOR (1980/1998) 215

Sorpresa	217
IX	217
Las torcaces	218
La liebre de Almadén	218
Racimo temprano	219
Las hojas	220
Burladora del viento	220
En el río de Coria	221

A Portugal no	221
Ha vuelto el gato	222
Bonita y negra	223
Los momentos de la perdiz	223
La callada	224
La Chana	224
Se acerca la veda	225
Y orillas alegres	226
La cigüeña	226
Llegada de la primavera	227

A VECES GRAN AMOR (1981/1991) 229

A veces	231
Escucha abandonada	232
Hazlo ahora	233
El buen amor	233

SOBRE LAS CIRCUNSTANCIAS (1983/1990) 237

Es necesario	239
Sobre los grandes hombres	239
Un oficiante	240
Vida del delincuente	241
Canción de un escriba egipcio de la sexta dinastía	242
Solución de un problema	243
Fecha memorable	243
Éxito de un poema	243
Agravio público	244
El show	244

FINAL DE UN ADIÓS (1984/1998) 249

Nada más	251
La flor de la jara	251
Amapola única	252
Una voz o un gesto	253
En tiempos de inclemencia	253
La marca del réprobo	254
Misericordia	254

Rata ciega 255
Oh encubridora 256
La hora del zorro 256
El campo de arriba 257
Nunca vi tal donaire 257
Y claridad su reino 258

EL REY MENDIGO (1988) 259

Marcial entre el amor y la miseria 261
Casa que no existe 262
Mientras los autobuses aquietan la ciudad 263

LA NOCHE LE ES PROPICIA (1992) 265

Su casa sosegada 267
El reino del esplendor 267
Tal si fuera incienso 268
Y saluda a su ausencia 269
La noche le es propicia 269
Lo demás es engaño 270
Como si fuera una tormenta 271
Ella también era su boca 271
El que cuenta las campanadas 272
Era como la luna 272
Así el deseo recomienza 273
Le obliga a que la mire 273
Era como ir hacia la muerte 274
Palabras nunca dichas 274
Hoy regalo del aire 275
Al otro lado del espejo 276
El revuelo de sus cabellos 276
La fuente perdurable 277
Tacto y aire fino 278
Con gozo y arrebato 278
La venció el sueño unos minutos 279
No te vayas ahora 279
Un perfume de jara 280
La niña que jugaba a la rayuela 281
Esa flor instantánea 281

En nítidos ensueños	282
Se oyen los pájaros	283
La ternura última	283
Un olor a lluvia	284
Todos los caminos	284
Se pierde como el eco	285
Llegará sigilosa	285
El aire huele a humo	286

Novísima oda a Barcelona (1993) 287

Capítol primer. Petrus Barberanus	288
Capítulo primero. Petrus Barberanus	289
Capítol sisè. Víctor Alexandre	292
Capítulo sexto. Víctor Alexandre	293

El ángel verde y otros poemas encontrados (1993) 295

Julio Cortázar en el observatorio	297
El calor más puro de Ernesto Mejía Sánchez	298
He de volver	298
Cantan en las colinas	299
Este ron jubiloso	300
Sarajevo	300
Sus ojos para ti	301
Hacia Morella	301
Sólo el negro	302
En un mundo de piedra y poesía	302
Sobre un poema de Catulo	303
No te canto Teresa	304
Tercetos para Alicia Ibáñez	304
El ángel verde	305

Como los trenes de la noche (1994) 307

Niño que fuiste	309
Aquella flor	309
Frío en el soportal	310
Los orígenes	310
Viento sucio	311

Una sombra	311
La puerta de atrás	312
Cepas desnudas	313
No tiene rostro	313
Una revelación	314

Cuadernos de El Escorial (1994) 315

Obraste en consecuencia	317
Sutileza de amor	317
Lugar muy indicado	317
Educación ejemplar	317
Vetusta	318
El poema: no yo	318
No será tu Leandro	318
Nuevos pobres	318
Tu reino es el café	319
Incomprensible	319
Los extremos son malos	319
El desamor	319
No sale igual para todos	320
Prefieres su tonada	320
Pour un faux écrivain maudit	320
Quieres morir de amor	320
Ojo con la ambición	321
Tirad contra el poeta	321
Cara bonita	321
Horacio: sabes equivocarte solo	321
Madres del mayo francés	322
Postura inconfortable	322
Ahora no	322
Siempre aguardas ternura	322
A un joven escritor recién llegado a la Corte	323
Tú me llamas cruel	323
Padre que ya no existes	323
Te llaman Mesalina	323
La fama nada pesa	324
De cuerpo presente	324
Mis dos caras	324

No toques a Juan Goytisolo	324
Consejo a una inocente	325
Marta: nos reencontramos	325
No alcanzarás su arte	325
La más blanca	325
Pienso en Ivonne	326
Años impuros	326
Menguado ardor	326

LAS HORAS QUEMADAS (1996) 327

El verde oscuro y terso	329
Conchita era su nombre	329
Pepito temperamento	330
Sin afán ni destino	330
Aire de la sierra	331
Día anodino	331
Una flor mustia	332
La isla deseada	332
Ya no se puede regresar	333
Equivocó su vida	333
Pequeños dones	334
Negrita: no te olvida	334
El rostro que conjura	334

Introducción

José Agustín Goytisolo.

UN ITINERARIO POÉTICO

Es, sin duda, José Agustín Goytisolo (Barcelona, 1928-1999) uno de los poetas de la llamada generación del medio siglo con una obra más vasta y una difusión mayor. Su poesía, que él recita además admirablemente, ha sido incluida en el repertorio de diversos cantautores: Paco Ibáñez, Rosa León, Joan Manuel Serrat, Amancio Prada, Soledad Bravo o Mercedes Sosa, y memorizada por gentes por completo ajenas al mundo literario que se sienten atraídas por los versos de Goytisolo, la mayoría de veces sin saber siquiera que son suyos, lo que satisface enormemente a su autor. Si Jaime Gil de Biedma aseguraba, parafraseando a Chesterton, que más que poeta deseaba ser poema[1], José Agustín Goytisolo afirma, siguiendo a Catulo, que es el poema y no el poeta el que debe pasar a la posteridad. En un epigrama de los reunidos en *Cuadernos de El Escorial* plantea así la cuestión de la supervivencia poética:

> Hay quien lee y quien canta poemas que yo hice
> y quien piensa que soy un escritor notable.
> Prefiero que recuerden algunos de mis versos
> y que olviden mi nombre. Los poemas son mi orgullo.
>
> («El poema: no yo»)

---

[1] Nota biográfica en la contraportada de *Las personas del verbo*, Barcelona, Seix Barral, 1982.

Goytisolo ha publicado hasta ahora veintiún libros de poesía[2] y aunque algunos recogen entregas editadas por separado, como *Años decisivos* (1961) o *Elegías a Julia Gay* (1994), otros incluyen, como ocurre con *Palabras para Julia* (1980), *A veces gran amor* (1981) o *Sobre las circunstancias* (1983) una mayor cantidad de textos ya conocidos que inéditos, su número no deja de ser alto, sobre todo si lo comparamos con la producción de sus compañeros del grupo catalán, con Carlos Barral y especialmente con Jaime Gil de Biedma, cuya poesía completa bordea sólo el centenar de poemas. El interés de Goytisolo por refundir sus libros, ofrecer versiones nuevas de textos viejos, variar un verso, quitar o añadir una estrofa, corregir aquí o allí no se debe a ningún afán comercial ni mucho menos a la pretensión de dar al lector gato por liebre, sino al hecho de entender su obra como una especie de palimpsesto en el que, sobre las huellas de lo borrado, se vuelve a escribir intentando renovar constantemente la creación poética. A veces las variantes son muy importantes y hasta pueden modificar el sentido del poema, otras consisten en cambios de palabras o incluso de puntuación. Me parece necesario advertir ya de entrada que a partir de *Bajo tolerancia* (1973), José Agustín Goytisolo decide eliminar las comas y puntos y comas que antes utilizaba, y a medida que se han ido reimprimiendo los diversos textos poéticos anteriores a 1973 ha aplicado el mismo criterio. Conserva únicamente los dos puntos, el punto y coma, y el punto y aparte. Los motivos para esa elección los explica él mismo:

> Nuestra gama de puntuación es pobre. La puntuación es viciada; es a la vez fonética y semántica, e insuficiente en los dos órdenes. ¿Por qué no usar signos como en la música? Se puede abolir la puntuación como ya lo hicieron Mallarmé y Apollinaire en *Un lance de dados*. La composición y la pun-

---

[2] *Vid.* apéndice en esta misma edición en el que describo cada una de las entregas poéticas hasta la fecha, 1998, atendiendo especialmente a las primeras ediciones agotadas y reeditadas con muchas variantes. Para un posterior estudio de la poesía de José Agustín Goytisolo será necesario, me parece, tomar en cuenta cada una de las ediciones de los poemarios, cuyos cambios explican muy bien la trayectoria poética de su autor.

tuación dependen del autor. El sistema de puntuación pertenece a la escritura. La poesía, ya en su origen y naturaleza, es un hecho del habla, anterior a la escritura. La ausencia de puntuación es una transgresión, una libertad a un código establecido e insuficiente[3].

Los inicios literarios de José Agustín Goytisolo son muy precoces. Según su testimonio[4], junto a su hermano Juan, hoy conocido novelista, comienza a escribir un periódico infantil, en el que todavía no puede tomar parte Luis, el hermano pequeño que, con el tiempo, también será importante escritor. Los primeros poemas de Goytisolo, que permanecen inéditos, datan de mediados de los cuarenta. Se trata de sonetos, composición que nunca volverá a cultivar. Por entonces terminaría el bachillerato, iniciado con los jesuitas y acabado en el colegio de la Salle, e ingresa en la Facultad de Derecho de la Universidad de Barcelona (curso 1945-1946), donde coincide con Gil de Biedma, Barral, Jaime Ferrán, Alberto Oliart o Antonio de Senillosa. Sin embargo, se relaciona poco con ellos. Va a ser a su vuelta de Madrid, donde ha cursado los dos últimos años de Derecho, cuando frecuente las tertulias del grupo, en especial a partir de 1952, época en la que escribe los poemas que integran su primer libro, *El retorno*, accésit al premio «Adonais» en 1953.

La estancia en Madrid y sobre todo la convivencia en el Colegio Mayor Nuestra Señora de Guadalupe con los entonces estudiantes latinoamericanos, Ernesto Cardenal, Eduardo Cote, Ernesto Mejía Sánchez, Julio Ramón Ribeyro, entre otros, despierta el interés de José Agustín Goytisolo por Iberoamérica[5] y su poesía, que a menudo da a conocer a sus amigos catalanes, poetas en cierne[6]. En Madrid entabla tam-

---

[3] Conversación de marzo de 1998 en la que me entrega por escrito el texto reproducido.
[4] Conversación de abril de 1985, ratificada en marzo de 1998.
[5] A partir de los años 60 Goytisolo viajará a menudo a Iberoamérica, especialmente a Cuba, donde formará parte del jurado del premio «Casa de las Américas», Colombia y Nicaragua, entre otros países.
[6] *Vid.* mi estudio *La Escuela de Barcelona,* Barcelona, Anagrama, 1987, págs. 68-69.

bién relación con Emilio Lledó, José Ángel Valente y Pepe Caballero Bonald, lo que le permite servir de mediador entre los escritores afincados en la capital y los barceloneses. Ese papel de cónsul de la poesía castellana en Barcelona le lleva a hospedar en su casa a Blas de Otero en 1955, un año importante para Goytisolo, puesto que en enero aparece *El retorno*, libro presentado y avalado por el joven crítico José María Castellet[7]. José Agustín Goytisolo se convierte, así, después de Costafreda, en el primer miembro del grupo catalán de los cincuenta que publica y el que, por entonces, goza de un prestigio mayor, como demuestra su presencia en la selección que José Ángel Valente realiza para la revista *Índice*[8] entre los autores más representativos del momento. Por otra parte, Goytisolo mantiene excelentes relaciones con los poetas de lengua catalana que le invitan a participar en los «Ciclos temáticos de poesía», organizados por el Instituto del Teatro, en la primavera de 1956. Allí interviene junto a Foix y a Vinyoli, a quienes más adelante habrá de traducir al castellano. Su labor como traductor, del catalán y del italiano al castellano, constituye otra faceta importante de su quehacer literario[9], iniciada ya en los años 60, con la versión de *La pell de brau* de Salvador Espriu para Ruedo Ibérico.

En 1956 obtiene el premio «Boscán», con *Salmos al viento*, que, publicado dos años más tarde, constituye un gran éxito. La actitud disconforme con la realidad social, los años de penitencia en los que le toca vivir llevan a Goytisolo, igual que a muchos otros intelectuales a la denuncia de la situación y a la vinculación, directa como militantes o indirecta como compañeros de viaje, con el Partido Comunista, aspecto que repercute en el compromiso poético de los textos escritos entre 1957 y 1959 y que integrarán luego *Claridad* (1961), libro que presenta importantes paralelismos con *Compañeros de viaje* (1959) de Gil de Biedma y *Diecinueve figuras de mi histo-*

---

[7] Castellet presentó el libro en el Instituto de Estudios Hispánicos de Barcelona el 4 de febrero de 1955 y lo elogió en la reseña escrita para *Revista*, año IV, núm. 172 (28 de julio-3 de agosto de 1955).

[8] Núm. 79, abril de 1955.

[9] *Vid.* Bibliografía.

De izquierda a derecha: (arriba) Blas de Otero, J. A. Goytisolo, Ángel González, J. A. Valente, Alfredo Castellón; (debajo) Jaime Gil de Biedma, A. Costafreda, Carlos Barral, J. M. Caballero Bonald. Colliure, 22 de febrero de 1959. Foto A. Carandell.

ria civil (1960) de Carlos Barral por lo que a los temas, tono y uso de la lengua coloquial se refiere[10]. Es por esta época cuando estos poetas, que forman sobre todo un grupo de amigos, se relacionan asiduamente en tertulias nocturnas interminables[11], propiciadas por las copas, en las que tratan, además de sobre lo divino y lo humano, de la necesidad de una operación generacional que los afiance en el panorama literario. En el homenaje a Antonio Machado, avalado por el Partido Comunista, que tiene lugar en Collioure en febrero de 1959 para conmemorar el XX aniversario de su muerte, encuentran un punto de partida para una maniobra de taller que habrá de promocionarlos conjuntamente. Carlos Barral en *Los años sin excusa*[12] se ha detenido en contar cómo, mientras paseaba con José Agustín, entre el muelle templario y la playuela de sonora grava, le vino la inspiración de aprovechar las posibilidades que le brindaba la editorial de su familia para publicar, por fin, una siempre aplazada antología que desde sus tiempos universitarios pretendía preparar Castellet, con el propósito de darlos a conocer, y crear a la vez una colección poética en la que poder editar los propios libros y los de sus amigos, los poetas que, por entonces, han hecho ya profesión de fe en el realismo crítico. Así, surgirá en 1960 la colección Colliure[13], dirigida por Castellet, al cuidado de Jaime Salinas y controlada por un comité en el que se encuentra, junto a Barral y Gil de Biedma, José Agustín Goytisolo que, en 1961, publica en Colliure *Años decisivos*, libro que recoge su producción anterior. Pero antes toma parte con sus dos amigos en una serie de actos de promoción conjunta. Interviene en las Conversaciones Poéticas de For-

---

[10] En mi libro *La Escuela de Barcelona* (Barcelona, Anagrama, 1987), analicé pormenorizadamente la relación de esos tres libros y cómo la lengua coloquial, en deuda con las premisas de la poesía social, es el aglutinante principal.

[11] *Vid. La Escuela de Barcelona*, ed. cit., donde se examina la relación del grupo y se da cuenta de las diversas tertulias a las que asisten.

[12] *Los años sin excusa*, Barcelona, Barral, 1978, pág. 187.

[13] Colliure y no Collioure, con fonética española. *Vid.* María Payeras, *La colección Colliure y los poetas del medio siglo*, Palma de Mallorca, Universitat de les Illes Balears, Caligrama, 1989.

mentor que a través de *Papeles de Son Armadans* convoca Cela en mayo de 1959 para «conversar sobre poesía y tomar copitas»[14]. Consta, por los testigos presenciales, que ambos propósitos se cumplieron al pie de la letra[15]. A las Conversaciones asistieron Dámaso Alonso, Gerardo Diego y Vicente Aleixandre, algunos de los maestros del 27, en cuyo espejo se mira el grupo catalán para, a imitación de la operación generacional orquestada por aquéllos a partir del homenaje a Góngora, organizar la suya, utilizando, de acuerdo con los nuevos tiempos del compromiso social, a don Antonio Machado como santo y seña. Además en las jornadas de Formentor participan otros poetas con poder y prestigio literario, como Carlos Bousoño, que controla la colección «Adonais» y tiene influencia en *Ínsula* y con quien polemizaron en su día Barral y Gil de Biedma a propósito de la concepción poética propuesta por Bousoño[16]. Ahora, sin embargo, intentan congratularse con él puesto que pretenden ir a Madrid para dar un recital conjunto y les conviene mucho que Bousoño los avale y que José Hierro, presente también en Formentor, los invite a los Jueves Poéticos del Ateneo que dirige. Conseguido su objetivo, a finales de octubre de 1959 los tres poetas viajaron a la capital para leer sus textos en el Ateneo. El acto fue presentado por Bousoño, que señaló las características de lo que «podría llamarse joven escuela de poetas catalanes que escriben en castellano»[17]. De ahí deriva probablemente la referencia a «la Escuela de Barcelona», utilizada sobre todo por Barral, aunque controvertida después por otros miembros del grupo catalán[18]. Es en esta ocasión cuando José Hierro les llama «poetas industriales», denominación que, por entonces, iba a satisfacerles y en es-

---

[14] *Vid. La Escuela de Barcelona*, ed. cit., págs. 221-225.
[15] *Vid.* Barral, ed. cit., pág. 244, además del poema de Gil de Biedma «Conversaciones Poéticas», en *Moralidades*.
[16] *Vid.* en *La Escuela de Barcelona*, ed. cit., el capítulo dedicado a la polémica «Poesía como comunicación, poesía como conocimiento», págs. 149-163.
[17] *Vid.* la reseña del acto en *Ínsula*, núm. 156 (noviembre de 1959), pág. 4.
[18] Laureano Bonet, *El jardín quebrado*, Barcelona, Península, 1994, páginas 77-79.

pecial a José Agustín Goytisolo, que comenzó a identificarse con el apelativo. Para el autor barcelonés, el término industrial, equivalía a urbano, y hacía referencia a unos poetas que

> hablábamos de las letras protestadas, de la huelga de tranvías, de las casas de prostitución. Los demás sólo hacían referencia a la meseta, la encina y otras cosas[19].

Precisamente la experiencia urbana y hasta arquitectónica resultará fundamental a partir de *Algo sucede*, libro que inserta de lleno la poesía de Goytisolo en la vida de la ciudad moderna en la línea que inauguró Baudelaire y siguió Eliot. Igual que Gil de Biedma, Barral y González[20], los poetas de la generación de los cincuenta que con mayor énfasis integran en su poesía el ámbito urbano, Goytisolo se da cuenta de que la poesía de la experiencia de lo cotidiano a la que tiende, a partir de mediados de los sesenta, siguiendo, en parte, las directrices de Langbaum[21], se avendría con dificultades con un marco que no fuera el de la metrópoli[22], lo que no empece en absoluto para que el sujeto poético rechace en diversos momentos el mundo urbano en el que se le sitúa. Ya Baudelaire había hecho referencia a la gran ciudad con imágenes disonantes y en sus poemas había aludido al «rostro

---

[19] *Diario de Barcelona* (23 de noviembre de 1978).
[20] El libro de Ángel González *Tratado de urbanismo* (1967) pudo servir a Goytisolo de antecedente de los poemas que recoge en la III y la IV Partes de *Bajo tolerancia* y que después formarán parte de *Taller de arquitectura*.
[21] El libro de Langbaum, *The poetry of experience* (hoy ya traducido al español: *La poesía de la experiencia, el monólogo dramático en la moderna tradición literaria*, Granada, Comares, 1996) fue sobre todo tenido en cuenta por Jaime Gil de Biedma y Gabriel Ferrater, que sí partieron de sus directrices poéticas, más que por nuestro autor que coincide con algunos de sus planteamientos que le llegan, probablemente, a través de sus amigos.
[22] Ángel González formula muy bien la cuestión cuando señala: «la imaginería rural y agropecuaria, supervivencia noventayochista que aún constituía la base del repertorio simbólico de muchos poetas de entonces —y diría que de la mayoría— me parecía un artificio agotado y desprovisto de todo sentido en aquel momento», *op. cit.*, pág. 21.

De izquierda a derecha: Gabriel Celaya, Blas de Otero, J. A. Goytisolo, Jaime Gil de Biedma. Formentor, 1959. Foto A. Carandell.

irreal y sádico de la ciudad» que, gracias al «frisson galvanique», que él mismo elogiara en Poe, conseguido con un tratamiento poético adecuado, podía llegar a ser incluso atractivo[23]. Sin embargo, esa presencia de la ciudad no impide tampoco que Goytisolo se interne en el mundo rural propiciado por la lírica tradicional en *Los pasos del cazador* (1980) o en algunos poemas anteriores[24] que sirven de antecedente a los de este libro, gracias a los que el poeta barcelonés se convierte en el autor de la llamada generación de los cincuenta que más contribuye a la pervivencia de la canción tradicional, mediante la recreación de los temas y motivos que le son característicos y especialmente de los rasgos estilísticos usuales, entre los que destacan la reiteración y el paralelismo[25].

Pero ahora, en vez de seguir avanzando por la trayectoria poética del autor, volvamos de nuevo al Madrid de principios de noviembre de 1959, donde además de leer poemas, José Agustín Goytisolo asiste junto a sus amigos y otros intelectuales a un acto convocado por la oposición para homenajear a Pablo Iglesias y a Pío Baroja en el Cementerio Civil, el día de difuntos[26]. El viaje a la capital cumplió con el doble propósito literario-político, tal como pretendía la estética del compromiso de la que, por entonces, participaba Goytisolo.

De regreso a Barcelona los tres flamantes poetas industriales se reúnen muy a menudo con Castellet que, convencido por Barral, está preparando con la colaboración de todos la antología. *Veinte años de poesía española*, dedicada a Machado, habrá de aparecer en 1960, y entre sus páginas figurará Goy-

---

[23] Hugo Friedrich, *Estructuras de la lírica Moderna*, Barcelona, Seix Barral, 1959, pág. 65. *Vid.* especialmente W. Benjamin, «Sobre algunos temas en Baudelaire», en *Ensayos escogidos*, Buenos Aires, Sur, 1967. Para la poesía de tema urbano puede verse la introducción de Pere Pena a la Antología de José Agustín Goytisolo, *Poeta en Barcelona*, Barcelona, El Bardo, 1997.

[24] Se trata de poemas incluidos en *Claridad*, como «Nocturno de Ávila», «Secreto» y «Cuento», además de los quince textos incluidos con el título de «Canciones olvidadas» en *Del tiempo y del olvido*.

[25] *Vid.* mi estudio *Hay veneno y jazmín en tu tinta, Aproximación a la poesía de José Agustín Goytisolo*, Barcelona, Anthropos, 1991, págs. 97-144 y páginas 204-214

[26] Gil de Biedma da cuenta del acto en el poema «Un día de difuntos». *Vid. Moralidades*.

tisolo con sobrados méritos, puesto que no sólo ha publicado más que sus compañeros barceloneses y es más conocido, sino que su última contribución, *Claridad,* que se abre con una cita machadiana[27], se vincula a la solidaridad y la fraternidad que preconizaba el Machado reivindicado por los poetas sociales, lo que le hace muy grato al antólogo, que por entonces defiende la poesía del realismo crítico con gran entusiasmo. No es de extrañar que Castellet escriba precisamente en 1960 sobre Goytisolo el único artículo largo[28] dedicado a un miembro del grupo catalán de los cincuenta.

En *Claridad* el autor barcelonés se propone trazar una autobiografía poética no sólo suya, «sino de otras personas que han vivido problemas que también me atañen»[29]. Goytisolo, en aquella época, no tiene inconveniente en señalar que intenta «escribir para todos»[30] y que «siente el afán de testificar la sociedad que le rodea y de la que forma parte»[31]. Estas afirmaciones que, a partir de 1962, serán matizadas[32], e incluso posteriormente rectificadas[33], constituyen el sustrato ideológico de algunos de los poemas de carácter social[34] que inte-

---

[27] «Sin salir de mí mismo, yo noto que en mi sentir vibran otros sentires y que mi corazón canta siempre en coro» procede de «Problemas de la lírica», texto de 1917, y está en directa sintonía con la lección machadiana que repercute en la antología de Castellet *Veinte años de poesía española* (Barcelona, Seix Barral, 1960). Para la influencia de Machado en Goytisolo puede verse mi estudio *La Escuela de Barcelona* (Barcelona, Anagrama, 1988).

[28] Se trata de «La poesía de José Agustín Goytisolo» *(Papeles de Son Armadans,* núm. LXIX, diciembre de 1961, págs. 307-310, que después servirá de prólogo a la reedición de *Salmos al viento,* Lumen, 1980).

[29] Entrevista de Juan Cruz, *La Tarde* (Tenerife, 20-6-1982).

[30] Entrevista de Pilar Comín, *El Correo Catalán* (10-7-1956).

[31] *Vid.* revista *Gran Vía,* enero de 1959.

[32] Entrevista de Mario Benedetti, *La Vanguardia* (27-4-1962).

[33] *Vid.* la «Poética» puesta al frente de sus poemas en la *Antología de la poesía social* de Leopoldo de Luis (Madrid, Júcar, 1982, pág. 306).

[34] Goytisolo asegura, sin embargo, que él no escribió poesía social, sino política o civil. Pere Pena, en su tesis inédita, «José Agustín Goytisolo, el poeta y la ciudad» (Universitat de Lleida, 1997), así lo considera igualmente, oponiéndose a la interpretación que el capítulo tercero de mi libro *Hay veneno y jazmín en tu tinta, Aproximación a la poesía de José Agustín Goytisolo* (Barcelona, Anthropos, 1991) ofrece y en la que se demuestra cómo Goytisolo contribuye a la poesía social, tanto por el tratamiento temático como estilístico, en muchos poemas.

gran también libros posteriores como *Algo sucede* (1968) o *Bajo tolerancia* (1973) en los que reúne textos pretendidamente autobiográficos no exentos de referencias a la situación política, aunque la autobiografía no redunde en la unidad de esas entregas como ocurría en *Claridad*. Algunas de las composiciones más interesantes de Goytisolo[35] pertenecen a finales de los setenta y se incluyen en los poemarios que acabo de mencionar; en ellas, en un tono coloquial, como si se tratara de una conversación distendida y amigable, el sujeto poético, un tipo algo cínico pero tierno, maníaco depresivo, interesado por las mujeres, dado al alcohol y al café, deambula por calles y bares de distintas ciudades donde entabla relaciones con personas diversas. De esas vicisitudes dan cuenta unos poemas intencionadamente narrativos, que se sirven de apelaciones al receptor, de muletillas y hasta de idiotismos que funcionan como apoyaturas léxicas, con las que se pretende conseguir una poesía conversacional. Con estos recursos Goytisolo ha trazado también una serie de secuencias en las que nos ha ofrecido algunos homenajes a poetas de su interés, como Cernuda, Lezama, Bécquer o Efraín Huerta[36], alternando a veces, como «En Londres para un cantor de sombras» o «Bécquer en Veruela, 1864», la envoltura narrativa con la emoción lírica.

La voluntad de crear un sujeto poético que sirva de protagonista literario de las diversas situaciones que muchos de los poemas desarrollan resultará a la postre muy fructífera, ya que permitirá al autor referirse a sí mismo como si fuera otro. En esas entregas todavía habla en primera persona, en cambio, a partir de los poemas incluidos en la segunda parte de *El rey mendigo* (1988) se dirige en tercera persona al personaje literario y en él funde las dos características principales de su

---

[35] Me refiero especialmente a los poemas «Nochebuena con Rosa», «Piazza Sant'Alessandro, 6», «Noches blancas», «Bilbao Song» o «Requiem aperto» de *Algo sucede*.

[36] A Cernuda le dedica «En Londres para un cantor de sombras»; a Lezama, «Vida de Lezama»; a Bécquer, «Bécquer en Veruela, 1864», y a Efraín Huerta, «La noche de Efraín Huerta». Goytisolo ofrece además otros homenajes a poetas. *Vid.* en mi ya citado estudio las págs. 157-165.

obra, la ironía, que le permite tomar distancia, y la elegía, consecuencia del inevitable paso del tiempo y de la edad. En todos los libros posteriores a 1988, esos dos rasgos se observan unidos. La experiencia amorosa que da pie a un poemario entero, *La noche le es propicia* (1992), y a una parte de los textos incluidos en *Como los trenes de la noche* (1994) no impide en absoluto que esos dos elementos cohesionen también los textos. La temática amorosa se aviene bien desde siempre con el tono elegíaco, pues es desde la pérdida desde donde el amor suele ser cantado; la ironía, la distancia que otorga el uso de la tercera persona, ayuda a la vez a no caer en la efusión lírica y permite una mayor contención. Elegía e ironía distanciadora siguen presentes en los poemas que, hasta ahora, conforman su último libro, *Las horas quemadas* (1996). Una composición, «Cuando la niebla sube de los campos», me parece que puede servir de ejemplo:

> Cuando la niebla sube de los campos
> recién labrados es tal un fantasma
> que luego se deshace como hilachas
> de algodón. Forma rostros y figuras
> que él quiere recordar y que no puede
> porque todas sus formas son huidizas.
> Las personas que amó y que ya no existen
> escapan de la tierra como hurtándose
> de sus recuerdos que también se borran.
> Cuando la tarde está desvaneciéndose
> dan ganas de fundirse y escapar.

El análisis de esos dos ejes, la elegía, con que inicia su andadura en *El retorno* (1955), y la ironía que da lugar a la sátira, presente ya en su segundo poemario, *Salmos al viento* (1958), que antes de 1988 solían aparecer de manera separada, nos permitirá observar con mayor detenimiento los principales mecanismos de los que se sirve la poesía de José Agustín Goytisolo, que estudiaré más pormenorizadamente en los libros de su primera etapa. El grueso de la producción será asimismo contemplada, atendiendo a cada una de las diversas entregas poéticas, a modo de apéndice, en la tercera parte de esta Introducción.

De «El retorno» a «Final de un adiós»: la elegía en la poesía de José Agustín Goytisolo

Recordaba Juan Goytisolo, a propósito de un artículo sobre *Antagonía*[37], que su hermano Luis ha tratado de ocultar en su obra literaria, escamoteándolo o eludiéndolo de forma indirecta, el hecho que con mayor fuerza marcó la vida infantil de los Goytisolo, o incluso, tal vez, su vida adulta. Me estoy refiriendo, claro está, a la muerte de su madre ocurrida durante la guerra civil, a consecuencia de un bombardeo[38]. Y, sin embargo, como el propio Juan observaba

> las precauciones, cautelas, líneas de defensa del narrador al rozar el tema, su dispositivo de protección frente a él, las caretas y alusiones fugitivas con que vela su angustia a causa de esa madre desvanecida y apenas evocada (pero cuya sombra obsesiva se impone [...] hasta convertirse quizás en el arco se-

---

[37] Juan Goytisolo, «Lectura familiar de *Antagonía*», *Quimera*, 32 (octubre de 1983), págs. 38-45.

[38] Ocurrida el 17 de marzo de 1938 en el Paseo de Gracia de Barcelona. Entre las 13.38 y las 14 horas, en la Gran Vía de les Corts Catalanes, frente al cine Coliseum, explotó una bomba de gran potencia arrojada desde un avión de la Legión italiana al servicio de los nacionales. Al parecer la bomba cayó sobre un camión cargado de trilita que estaba estacionado en la Gran Vía, lo que potenció sus efectos, agravando la catástrofe. *Vid.* Alcofar Nassaes, *La aviación legionaria en la guerra de España*, 1975, y John Sangdon Davis, *Air Raid*, 1938. Para John Sangdon Davis los estragos devastadores de la bomba nada tenían que ver con la trilita. Por el contrario, los italianos ensayaban los efectos de una superbomba con vistas a la guerra mundial, según las órdenes dadas directamente por Mussolini al general Valle, subsecretario de aeronáutica italiano destacado en Mallorca. La detonación causada por el artefacto se oyó en toda la ciudad, de ahí las referencias implícitas en los poemas «La guerra» («De pronto, el aire / se abatió, encendido, / cayó, como una espada, sobre la tierra») y «Queda el polvo» («De aquel trueno, de aquella / terrible llamarada / que creció ante mis ojos»), que incluirá posteriormente en *Años decisivos* (*Claridad*, parte I, «El ayer»). Julia Gay había ido aquel 17 de marzo a Barcelona desde Viladrau, donde se encontraba con su familia, con la intención de comprar regalos para su esposo y su hijo mayor, que celebraban su santo el día de San José. Al no regresar a casa por la noche, su marido se alarmó y comenzaron a buscarla. Al cabo de dos días, el padre de Julia reconoció su cadáver en el Hospital Clínico de Barcelona.

creto y casi invisible que sostiene la delicada fábrica de la obra) autorizan una posible lectura en palimpsesto de *Antagonía* y dan las claves soterradas de su elaboración[39].

En cambio, *El retorno* (1955)[40], primer libro del mayor de los hermanos Goytisolo, se centra obsesivamente en la pérdida materna y en la tristeza incurable que genera su vacío, aunque ni en una sola ocasión se mencione la palabra madre. Tampoco en la dedicatoria, «A la que fue Julia Gay», se manifiesta la relación familiar y, puesto que el autor firma sólo con su apellido paterno, no tenemos datos para suponer que es hijo de la destinataria de los versos. Sin embargo, en cuanto nos adentramos en el texto, podemos observar una serie de alusiones suficientemente esclarecedoras en los poemas XII («Llora conmigo hermano / Era mujer y hermosa. No tenía / nieve sobre los años»), XIII («en tu casa de entonces la alegría / era el aire que bebíamos todos / era el sabor de fruta que dejaban tus besos») y XIV («No entendimos entonces el regalo / total de tu presencia [...] / Y estábamos callados girando / en el dolor en el sencillo cotidiano / recordarte entre el pan y los manteles»), que anticipan las referencias aclaratorias del poema XVIII:

> Yo recuerdo tus ojos
> cuando hablabas del aire,
> porque el cielo venteaba en tus pupilas.
>
> Yo recuerdo tus manos —hace frío—
> arropándome el lecho como trozos
> de hielo enamorado.
>
> La luz era contigo
> más clara

---

[39] Art. cit., pág. 45.
[40] Le valió un accésit al premio «Adonais». Fue publicado en 1955 en Madrid, en la colección «Adonais» y posteriormente incluido en *Años decisivos* (1961). Cito, por expreso deseo de Goytisolo, por la edición de Lumen de 1986, corregida por el autor y de la que ha suprimido comas y puntos y comas. La primera edición de *El retorno* primaba la unidad del conjunto. En las reediciones posteriores, en cambio, Goytisolo titula cada una de las composiciones, potenciando así su valor individual.

la alegría en tu boca era tu boca
y el jardín era sombra porque cuando decías:
jugad en el jardín
nos cubrías de un tenue perfume de enramada.

El mismo escamoteo y parecidas alusiones nos ofrece *Final de un adiós* (1984)[41], libro que enlaza directamente con *El retorno* (1955), pese al importante lapso transcurrido. La relación entre ambas entregas es tan estrecha[42] que, con el título de *Elegías a Julia Gay,* fueron impresas conjuntamente en 1993[43].

---

[41] *Final de un adiós,* Barcelona, Lumen, 1984. Algunos de los poemas, concretamente el XXX, fue incluido con una variante en *A veces gran amor,* bajo el título de «Aquel reino» (Barcelona, Laia, 1981) en la página 91, parte IV, al igual que el titulado «Rata negra», que apareció también con variantes en el libro citado, en la página 92, bajo el título de «Rata ciega». En el apartado III se recoge el poema que en *Final de un adiós* lleva el número XXXI. En este caso, mantiene el mismo título, «Cantando compañera», y varía un verso. Es práctica común de Goytisolo reimprimir poemas anteriores en los libros que está dando a la imprenta. De ese modo, algunos de *El retorno* aparecen en *A veces gran amor,* los titulados «Mujer de muerte», «Una palabra sola», «Tu nombre de mar», «No en tu casa», «A ella y a ti os pregunto», «Un sitio entre las rosas», «No dejes no», «Las fogatas», «El jardín era sombra», «Tu mirada hacia el fondo», «Cuando todo suceda», corresponden a los fragmentos XVI, XIV, XV, VI, XII, XI, XVII, XIX, XVIII, XX y XXI de *El retorno.* A su vez, *Del tiempo y del olvido* recogerá tres más, y uno aparecería en *Palabras para Julia* («Como la piel de un fruto», fragmento X de *El retorno).*

[42] Además de los rasgos centrados en los aspectos elegíacos, cabe señalar que ambos textos tienen en común, desde el punto de vista del estilo, la parquedad de recursos, el interés por torcerle el cuello a la retórica y la utilización de un léxico eminentemente coloquial, rasgos que estarán siempre presentes en la obra de Goytisolo. En cuanto a la métrica, resulta común el uso del verso libre, de medida variable, a veces combinado con endecasílabos o heptasílabos, sin desdeñar los metros cortos. Es notable, también, el cuidado puesto en la consecución del ritmo, aspecto que el poeta barcelonés mantendrá a lo largo de su trayectoria, aunque varíe el tipo de verso utilizado, que, a partir de *El rey mendigo,* tenderá a ser eneasílabo.

[43] *El retorno* fue concebido como texto unitario, puesto que en la primera edición apenas se marcaba la fragmentalidad de los ventiún poemas al no llevar numeración ni título. *Final de un adiós,* en cambio, consta de treinta y cuatro textos numerados y titulados ya desde la primera edición. *Vid.* descripción de las entregas poéticas en esta misma Introducción.

El autor catalán parte en ambos poemarios, que podemos clasificar de *Canzonieri in morte*, de la glosa de una serie de tópicos característicos de la tradición elegíaca funeraria[44], entre los que se encuentra «el elogio a la persona muerta»[45], cuyas cualidades son ensalzadas, a menudo mediante hipérboles. Bástenos recordar las alabanzas dedicadas al maestre don Rodrigo Manrique por su hijo o las que dirige García Lorca a Ignacio Sánchez Mejías, ponderando al máximo sus virtudes públicas y privadas. En los poemas de Goytisolo se exalta «a la que fue Julia Gay» únicamente por su papel materno y se insiste en la «ternura», «dulzura» y «protección» con que atendía a sus hijos.

Como en todas las elegías dedicadas a mujeres, la belleza es otro de los elementos claves, cuanto más si esta belleza ha sido «antes de tiempo y casi en flor cortada». Tópica del género es también la ubicación de la muerta en el firmamento convertida en estrella (poema segundo, *Final de un adiós*) o transformada en rosa (poema undécimo, *El retorno*). También en deuda con la tradición, Goytisolo se refiere al pasado feliz de la desaparecida, contraponiéndolo al presente desgraciado e incluso al futuro inalcanzable (poemas décimo, decimosexto y decimoctavo de *El retorno* y XVI de *Final de un adiós*).

La muerte trágica de Julia Gay, provocada por los bombarderos enemigos, propicia un tono de imprecación, y hasta de execración impía, propia de los plantos y endechas, y nos permite relacionar algunos fragmentos con la tradicional «maldición al matador» de la elegía medieval. Por otra parte, el tema de la muerte a consecuencia de la guerra civil se glosa en la poesía de la posguerra como catástrofe colectiva, de ahí que el sujeto poético muestre su solidaridad con los demás afectados por desgracias semejantes. Los cuatro primeros poemas de *El retorno* cumplen con esa función. En

---

[44] *Vid.* Eduardo Camacho Guisado, *La elegía funeral de la poesía española*, Madrid, Gredos, 1969, pág. 37.

[45] Ernest Robert Curtius, en *Literatura europea y Edad Media latina* (México, Fondo de Cultura Económica, 1995, pág. 235) ha calificado el tópico del elogio como «sobrepujamiento» *(Uberbietung)* y ha mostrado cómo procede del panegírico latino.

cambio, en *Final de un adiós* la presencia de los muertos anónimos se elimina y el texto se centra únicamente en el sentimiento personal.

Goytisolo pretendía cerrar con *Final de un adiós* la larga despedida iniciada en *El retorno*, posiblemente con el propósito de concluir un ciclo. De ahí que algunos poemas del primer libro sirvan de punto de partida y se vinculen directamente a otros que incorporará a su nuevo libro. Así el texto V de *El retorno*, uno de los más bellos, titulado a partir de la edición de 1986 «Cercada por la vida», enlaza con el XIX de *Final de un adiós*:

> Donde tú no estuvieras
> como en este recinto cerrado por la vida
> en cualquier paradero conocido o distante
> leería tu nombre.

(El retorno)

> Pero yo
> dado a los mitos y a las ironías
> prefiero imaginar
> que habré de corromperme aquí
> bajo esta losa con tu nombre inscrito
> precisamente donde tú no estás.

(Final de un adiós)

Del mismo modo que el XVII, «No dejes no» *(El retorno)*, guarda estrecha relación con el XXI, «Cantando compañera» *(Final de un adiós)*, ya que en ambos poemas aparecen referencias a la amada del sujeto poético, a quien éste pide ayuda. Como una especie de compasiva Verónica evangélica en la que se aúnan rasgos de la Beatrice dantesca, «la compañera» hará posible el milagro del amor que abolirá el odio. Gracias a ella «saldrá de la cueva cantando», lo que equivale a la aceptación de una nueva vida esperanzada.

Sin embargo, la obsesión por la pérdida materna, asociada a la rememoración de la infancia no terminará con *Final de un adiós*, sino que seguirá siendo un tema recurrente que llegará hasta los poemas de sus últimas entregas *(Como los trenes de la noche* [1994] y *Las horas quemadas* [1996]) después de aparecer de manera más esporádica en libros anteriores, como *Claridad* (1960) o *Del tiempo y del olvido* (1977). Por eso es fácil concluir que, de los tres hermanos escritores, es José Agustín quien con más insistencia, y de un modo más dilatado, a lo largo de más de cuarenta años de obra poética, convierte en motivo literario la desaparición de su madre, quizá porque al ser el mayor pudo vivir el acontecimiento de un modo más consciente[46], aunque, como es obvio, la muerte de Julia Gay resultara catastrófica para toda su familia. A su inesperada violencia («arrebatada por el odio», escribe en el poema XI de *El retorno),* a su ausencia insustituible («Y estábamos callados girando / en el dolor en el sencillo y cotidiano / recordarte entre el pan y los manteles», anota en el poema XIV), cabe añadir la enfermedad del padre, de edad avanzada (le llevaba trece años a su mujer), agravada por la desgracia. Incapaz de superar el trauma, don José María Goytisolo exige a la criada que entra a servir después de morir su mujer, que cambie su nombre, Julia, por el de Eulalia, situación que, por cierto, recoge, trastocándola, Luis Goytisolo en *Recuento*[47], y prohíbe a los hijos que pronuncien las palabras madre o mamá, lo que, en cierto modo, podría explicar la ausencia de tales términos en los libros de José Agustín y posiblemente los escamoteos en los textos de Luis.

Puede que resulte exagerado suponer que la vocación literaria de los Goytisolo surgió a consecuencia de la pérdida materna, pero no me parece nada desencaminado considerar hasta qué punto la muerte de la madre pudo impulsarlos a escribir. José Agustín Goytisolo ha insistido con frecuencia[48] en que el descubrimiento de los objetos maternos tenía para

---

[46] No tenía aún diez años. Juan contaba siete años y Luis cumplía tres precisamente el 17 de marzo de 1938, según me aseguró el poeta en conversación del día 2 de julio de 1984.
[47] *Vid.* Juan Goytisolo, art. cit. José Agustín ha recordado en diversas entrevistas esta prohibición paterna y cómo, en 1955, cuando su mujer, Asunción Carandell, esperaba un hijo, el futuro abuelo propuso que si era niña se llamara Julia. A partir de este momento se volvió a hablar de Julia Gay con normalidad.
[48] Conversación de febrero de 1998.

ellos una significación especial, y, entre esos objetos, los libros predilectos —Lorca, Salinas, Proust o Gide— no sólo sirvieron para seguir el rastro que los ojos de Julia Gay dejaron entre sus páginas, sino también para iniciarlos en la literatura. En estas circunstancias era del todo esperable que la primera contribución poética del mayor de los hermanos fuera una elegía en la que, al mismo tiempo que mitificaba a su madre, mitificaba también la niñez, como él mismo ha señalado:

> Mi madre fue para mí, como dice Jaime Gil, un reino afortunado; un paraíso donde, sin ella, no me era posible ser absolutamente nada[49].

Esa mitificación de la infancia adquirirá desde los primeros poemas de *El retorno* tonos marcadamente nostálgicos que serán constantes en el tratamiento posterior de un tema igualmente grato a los autores de la llamada generación del medio siglo, quizá porque todos ellos fueron despertados a tiros de una niñez que hasta entonces había sido plácida, y eso habría de marcarlos, incluso en el caso (pienso en Gil de Biedma o Barral) de aquéllos para quienes los años de lucha fratricida supusieron un *hortus libertatis*. Para Goytisolo, sin embargo, el recuerdo de la guerra es siempre negativo. Las circunstancias políticas que rodean la pérdida de la madre hacen que ésta sea aún más tremenda puesto que se trata de una muerte inútil[50], provocada además por los aviones que proceden del bando fascista, a los que alude, aunque veladamente a causa de la censura, puesto que Goytisolo escribe los

---

[49] J. Virallonga, «Una tarde con José Agustín Goytisolo», *Olvidos de Granada. Palabras para un tiempo de silencio*, núm. 13 extra, junio de 1986, pág. 64. La referencia a Jaime Gil de Biedma procede de los versos de éste «de mi pequeño reino afortunado / me quedó esta costumbre de calor / y una imposible propensión al mito» («Infancia y confesiones», *Compañeros de viaje)*.

[50] La muerte de Julia Gay es criminal e inútil, frente a las muertes «útiles» de los que lucharon por la libertad, ensalzados por algunos poetas de posguerra. *Vid.*, por ejemplo, en *Los poemas a Lázaro*, de J. A. Valente, «Cementerio de Morette-Glires», donde asegura que los españoles que lucharon en la resistencia en la segunda guerra mundial «no murieron en vano».

poemas que integran *El retorno* en su etapa de mayor concienciación antifranquista, entre los veinte y los treinta años. Cuando a sus cincuenta y pico, en *Final de un adiós,* vuelva a evocar los acontecimientos que desencadenaron su desgracia, la situación política de la posguerra seguirá siendo el referente de otra serie de poemas: IV, V, VI, VII. En el V, «Exiliado», muestra cómo su orfandad se ve, además, agravada por su condición de exiliado en su propio país («en una tierra triste / oscura oscura / más oscura que las camisas negras italianas / y que el humo de todos los hornos crematorios de Alemania»). Las acusaciones contra los vencedores son mucho más directas en *Final de un adiós* que en *El retorno,* y más explícitos los sentimientos «de odio al matador», «odio hacia las banderas del crimen / y de asco a sus uniformes / a sus cantos / de falso alegre paso de la paz» (poema VI, «Amapola única») que genera la parafernalia del régimen fascista, aspectos perfectamente explicables si tenemos en cuenta que *Final de un adiós* fue escrito tras la muerte de Franco, en plena transición, y que *El retorno* se gestó en los primeros cincuenta, cuando la censura y, en consecuencia, la autocensura, eran más rigurosas[51]. En *Final de un adiós* se incluyen cuatro composiciones (XII, XIII, XIV y XVII) que aluden al «nacionalcatolicismo», lo que no ocurría en *El retorno,* donde las referencias a la Iglesia escaseaban. El hecho de que, pese al tiempo transcurrido, el odio del vencido por los vencedores no aparezca mitigado tiene que ver, me parece, con el doble punto de vista adoptado por el sujeto poético, que no ob-

---

[51] Cuando en 1977 recoge en *Del tiempo y del olvido* tres poemas procedentes de *El retorno* (números V, IV y XIX), que ahora titula «Donde tú no estuvieras», «Cementerio del sudoeste» y «Noche de San Juan», varía notablemente el primero incluyendo unos versos que la censura no hubiera dejado pasar en 1955 («Donde tú no estarías / si una hermosa mañana de Barcelona / en Barcelona mía / llena de pájaros y flores y muchachas / pero rota de pronto / por el estruendo de los bombardeos / pilotados por hombres / que reían y hablaban y cantaban / en idioma alemán mientras ametrallaron / porque creían todos todos / aunque ahora lo nieguen / ser de una raza superior a los demás / cuando en realidad eran sólo / la peor raza que nunca hubo en la tierra / peor aún que hienas del desierto que pudren lo que tocan / peor aún que zopilotes que viven de la muerte»), y que después, en la edición de Lumen (1986), elimina.

serva la guerra ni la posguerra con sus ojos actuales, distanciados, sino con los que tuvo en su infancia. En *Final de un adiós* se combinan, por tanto, dos perspectivas, la del niño y la del adulto, como ocurre en textos de Gil de Biedma («Intento formular mi experiencia de la guerra civil», *Moralidades)* o de Barral («Baño de doméstica», *Diecinueve figuras de mi historia civil)*. El interés por retornar, a los cincuenta años cumplidos[52], al tema de la orfandad, implícito en la elegía a la madre, constituye el pretexto para volver al territorio de la niñez y a través de ella hacer referencia a la quiebra de la felicidad que coincide con la desaparición materna. La abdicación forzosa de la inocencia se adelanta a consecuencia de la brutalidad traumática de la pérdida que establece una línea divisoria entre un antes y un después. El niño alegre que jugaba bajo la atenta vigilancia de su madre y que siempre encontraba cobijo entre sus brazos se vuelve de repente un ser «sin sonrisa», «infortunado», «lleno de angustia», un «rey mendigo», un «príncipe destronado». No obstante, la palabra muerte, reiteradísima en la primera entrega (de los veintiún fragmentos aparece explícitamente en once e implícita en los diez restantes), sólo se menciona tres veces en *Final de un adiós*, aunque sus secuelas, «desolación», «tristeza», «desamparo», «melancolía», siguen siendo palabras muy repetidas.

El mundo «luminoso», «alegre», «claro», «brillante», adquiere de pronto tonalidades oscuras y todo se trastoca en «desgracia», «dolor», «adversidad», «odio», «asco», «tiempo de inclemencia». El contraste está además propiciado con insistencia. La percepción de ese mundo de luz, «mundo sin miedo sin fantasmas, sin castigo, sin cuarto de las ratas» (poema XXVIII), un mundo en el que incluso «el lobo era bueno»[53], será abolida tras la muerte. Dominarán las ti-

---

[52] El libro se gesta en 1980 y 1983, aunque algunos poemas que aparecían en un volumen tan temprano como *Años decisivos* (1961) enlazaban con *El retorno*. Me refiero a «Siete años», «El lugar», «La guerra», «Queda el polvo», «Yo quise».

[53] Uno de los poemas más populares, difundido por Paco Ibáñez, es el que titula «Cuento», en él se hace referencia al lobo bondadoso. Publicado por primera vez en *Años decisivos (Claridad,* parte I, «El ayer»), posteriormente se recogerá con variantes y con título cambiado. De «Cuento» pasará

nieblas a partir de la pérdida, las notas oscuras se acentuarán y la reiteración de la palabra «noche» («la noche y su castigo», «la oscuridad», «la negra atalaya del solo») será clave sobre todo en *Final de un adiós*. En cambio, los poemas que se refieren a *la vita* de Julia Gay presentan campos semánticos cuyo denominador común son las notas positivas, especialmente las que hacen referencia al fulgor y la claridad, que también sirven para describir la belleza de sus ojos —«Claridad / como la de sus ojos / no he visto» (poema II, *Final de un adiós*)— o la de su pelo —«inexpresable color miel suave y cambiante de sus cabellos» (poema XV, *Final de un adiós*)—, en los que insiste para ponderar lo incomparable:

> El brillo de la luz en los cabellos
> las olas salpicando el traje lila
> alegría en los ojos
> y tu figura erguida contra el cielo y la espuma.
>
> Nunca vi tal donaire
> ni más delicadeza jugando con el mar.
>
> (Poema XXXI, *Final de un adiós*)

Las mismas connotaciones radiantes («el cielo venteaba en tus pupilas [...] la luz era contigo / más clara»; «Como la piel de un fruto suave / a la amenaza de los dientes / iluminada») aparecen en los poemas X y XVIII de *El retorno*, en donde se insiste, en los fragmentos X y XII, además, en la juventud de la desaparecida («Todo pasó tal un verano / sobre tu carne pura y breve / Como la piel de un fruto eras / tan olorosa y atrayente», «Era mujer y bella no tenía / nieve sobre los años»). Esa luz que irradia la figura de Julia Gay envuelve, a su vez, todo lo que su presencia ilumina. Goytisolo se acoge a un tópico de antecedentes petrarquescos muy

---

a denominarse «El lobito bueno» cuando se incluya en *Palabras para Julia*. Con este último título bautiza, además, la narración que compuso posteriormente para la editorial Laia (1983), y con el de «Érase una vez» lo canta Paco Ibáñez.

difundido en la literatura castellana. Así, tanto la casa familiar de Barcelona como las de los pueblos de Viladrau, Puigcerdá o Llansá, donde habían pasado los veranos[54] y cuyas referencias aparecen en los poemas a menudo mezcladas, se describen con términos que denotan o connotan luz. El poema III de *Final de un adiós* me parece en ese sentido muy evidente:

> Yo amaba aquella casa
> sin vientos de desgracia.
>
> Era como mi alegre
> posesión transparente.
>
> Como la flor blanquísima
> que en los jarales brilla.
>
> Tal vez yo por entonces
> desdeñara a los dioses.
>
> Pues ni ellos habitaban
> en regiones tan claras.
>
> Y así como un castigo
> perdí lo que era mío.
>
> Un fuego despiadado
> prendió en aquellos campos
>
> Después no quedó nada
> Ni la flor de la jara

La ruina y la desposesión actual se cimentan en ese pasado definitivamente arrumbado y del que nada queda excepto el recuerdo, pero, gracias a éste, el sujeto poético puede reconocerse en el ayer del que procede y entenderse mejor con-

---

[54] Laureano Bonet en *El jardín quebrado* (Barcelona, Península, 1994) hace referencia a esos espacios en la obra de los Goytisolo. Para la ubicación de las casas barcelonesas que habitó el autor puede verse el prólogo de Pere Pena a la edición de *Poeta en Barcelona*, Barcelona, El Bardo, 1997, págs. 21-22.

sigo mismo. Una de las novedades que aporta *Final de un adiós* con respecto a *El retorno* es, precisamente, la voluntad de introspección y reflexión, que generará también una serie de poemas posteriores, como los pertenecientes a la primera parte de *Las horas quemadas* (1996), que casi siempre proceden de núcleos temáticos desarrollados en la entrega de 1984. En el análisis introspectivo se centran las composiciones XXIII, XXIV, XXVI y XXVII de *Final de un adiós,* en las que el sujeto poético se pregunta, siempre en la noche, por su identidad, el paso del tiempo o qué hay detrás de la muerte. Al tema del recuerdo (qué significa recordar, qué supone el olvido), aspectos que en *El retorno,* pese al tono de evocación nostálgica, no se trataban, se refieren los poemas VII, VIII, XI, XX y XXIV. Incluso en *Final de un adiós* el sujeto poético se plantea la necesidad del olvido y la renuncia a los recuerdos que han marcado de un modo tan intenso su trayectoria vital. Al hecho de recordar, a las arterías y traiciones del tiempo, que también ejerce su rigor sobre la piel de la memoria, dedica Goytisolo los poemas VII, «Una voz o un gesto», y VIII, «En tiempos de inclemencia». En ambos plantea una cuestión simple y paradójica: los recuerdos no sólo se transforman al albur de los años, sino que, a medida que nos acercan a las situaciones que los motivaron, nos van alejando de ellas, transformadas por la memoria. Ni siquiera el pasado es consistente:

> Los recuerdos de amor —no
> los de espanto— se escapaban
> por caminos cambiantes como azogue:
> no poderlos fijar me parecía
> más cruel que la explosión
> que el bombardeo. Y para no sufrir
> tratando inútilmente de recuperarlos
> preferí muchas veces
> salir a medianoche y escribir
> con lápiz rojo en las paredes: muera
> el tirano abajo los...
> Así evitaba
> seguirte hasta el inhóspito desmonte
> y detenerme allí. Aún hoy

> pasados tantos años si no puedo
> revivir una voz o un gesto tuyos
> me imagino que sigo
> pintando en rojo todas las paredes.

(Poema VII, *Final de un adiós)*

Sin embargo, pese a las traiciones que la memoria nos depara, existencia y trascendencia dependen de ella. Goytisolo lo señala en un verso lapidario del poema XXIII de *Final de un adiós:*

> La evocación perdura
>   no la vida.

La rememoración, inherente a la condición humana, es quizá un rasgo fundamental del quehacer poético y hasta es posible que la literatura no tenga otra misión que fijar a través de las palabras, unas pocas vivencias para liberarlas así de las vicisitudes de nuestra memoria, maltratada por la continua erosión del tiempo. José Agustín Goytisolo utiliza la elegía, a partir de *El retorno,* con una doble finalidad: rendir homenaje a su madre, recuperando su niñez, y ganarle terreno a la muerte, rescatando para la pervivencia, es decir, para la poesía, lo que, de no mediar la palabra escrita, acabaría por sucumbir bajo el peso de los escombros de la memoria.

El recurso de la ironía
en torno a «Salmos al viento»

Salmos al viento supone una ruptura frente a *El retorno,* puesto que en esta nueva entrega Goytisolo se aleja de la elegía para pasar a la sátira, como ya se ha advertido. El poeta barcelonés se ha referido a menudo a la intención que le llevó a escribir el libro[55], definido por él mismo como «una co-

---

[55] *Vid.* la entrevista «Ventana a la prensa», *El Noticiero Universal* (lunes, 23-7-1956), y el prólogo a la 5.ª edición, escrito en 1979, donde matiza sus intenciones.

lección de poemas satíricos», «deformaciones de la vida para provocar una auténtica visión de ésta»[56]. Los críticos, que acogieron muy bien la obra[57], observaron que se trataba de «un cuadro de costumbres», «retablo en el que aparecen diferentes personajes», aportación «a la poesía civil»[58], «poesía de crítica social, eminentemente narrativa que cuenta hechos cotidianos»[59], «visión esperpéntica, caricaturesca»[60] que «enlazaba por su tono satírico con la poesía del Siglo de Oro»[61], aspecto este último señalado por el autor, que antepone en la segunda edición de los poemas una cita de Quevedo, el poeta satírico por antonomasia, según la tradición popular. Los versos de Quevedo:

> Oyente, si tú me ayudas
> con tu malicia y tu risa
> verdades diré en camisa[62]

han sido cortados por Goytisolo, transformando en un punto lo que era una coma. Quevedo repite un estribillo, «Ello dirá / y si no, / lo diré yo», intercalándolo entre dos cuartetas heptasílabas. Al último verso, «verdades diré en camisa», sigue «poco menos que desnudas», que debió de parecerle

---

[56] *Vid.* «Ventana a la prensa», *El Noticiero Universal* (lunes, 23-VII-1956).
[57] Lechner en el libro *El compromiso en la poesía española del siglo xx* (Leiden, Universitaire Peers, 1975) reproduce un certero comentario de Bousoño: «En esta época nuestra la crítica de poesía se ha vuelto tan benigna, o mejor, tan bobalicona e irresponsable que cualquier poeta chirle es saludado como si poseyera un talento shakespeariano. Quienes leen ingenuamente las abundantes y bondadosas reseñas que pretenden ilustrarnos desde las revistas literarias deben pensar que nos hallamos ante la plenitud poética de los tiempos.» No es en absoluto el caso de *Salmos al viento,* pero en ese contexto la obra de Goytisolo es alabada doblemente. *Vid.* las reseñas citadas en la Bibliografía.
[58] *Vid.* Fernández Almagro, *La Vanguardia* (martes, 26-VIII-1958).
[59] *Ibíd.*
[60] Castellet («Prólogo a *Salmos al viento,* Barcelona, Lumen, 1980, pág. 9) reproduce un artículo aparecido en *Papeles de Son Armadans*, LXIX (diciembre de 1961). *Vid.,* además, Martín Vilumara, «Palabras que no se lleva el viento», *Triunfo,* 582, XVIII (24-11-1973).
[61] Tanto Fernández Almagro como Castellet lo señalan.
[62] Es la letrilla 654 en la ed. de *Obras completas*, I, de J. M. Blecua, Barcelona, Planeta, 1963, pág. 706.

fuera de lugar al autor catalán, puesto que la alusión contenida en ese verso suprimido no tiene sentido si no se mantiene el juego propiciado por «camisa», que en la época de Quevedo tenía el significado de prenda para dormir que después perdió. «Decir verdades en camisa» suponía, en el contexto de los años 50, hablar de modo informal, esto es, en mangas de camisa. Frente al discurso engolado de las chaquetas, José Agustín Goytisolo parece proponer el coloquio «apeado» de las camisas, acercándose así al habla de la inmensa mayoría. Al escoger esta cita de Quevedo, no sólo muestra su voluntad de tomar como mentor a don Francisco, ejemplo de satíricos, sino también de ampliar su guiño al receptor, al «oyente», y pedir su colaboración. Recordemos, además, que hacia mediados de los cincuenta, la radio, cuyas apelaciones a «los señores oyentes» eran corrientes, constituyó un fenómeno de masas importante a través del que se filtró buena parte de la propaganda del régimen. La «malicia» y la «risa» del receptor se vinculan al descubrimiento de la verdad que, en las circunstancias de la posguerra, a menudo sólo podrá conocer por vía irónica, eso sí es capaz de invertir el sentido literal y leer entre líneas, muy atento a los guiños del poeta y pendiente de los sobrentendidos. En consecuencia, los aspectos convivenciales que en el registro coloquial se ponen especialmente de manifiesto tendrán en estas circunstancias una importancia mayor. Ángel González ha señalado acertadamente hasta qué punto la ironía permitía burlar los mecanismos de la censura:

> Como es sobradamente sabido, los textos irónicos exigen que el lector invierta el recto significado de las palabras: operación mental que, aunque sencilla, desborda de hecho la capacidad intelectiva de muchos censores, primera ventaja de un procedimiento que implica además la relación y consiguiente comparación evaluativa de dos puntos de vista opuestos. Así, el procedimiento resultaba doblemente útil, permitía burlar las normas vigentes en materia de censura, y era de una gran eficacia crítica[63].

---

[63] Ángel González, «Introducción», en *Poemas*, Madrid, Cátedra, 1982, pág. 19.

También González reconoce que aprendió mucho del manejo de la ironía de Goytisolo, que con *Salmos al viento* estableció un estupendo antecedente de un recurso literario que luego sería característico de los poetas de la generación del cincuenta[64]. Por su lado, Gil de Biedma confiesa en una página del *Diario del artista seriamente enfermo*[65], que utiliza la ironía por primera vez después de leer los poemas de Goytisolo, que entonces aún no habían sido publicados.

La novedad que traían los versos de Goytisolo, y que sus amigos poetas reconocían abiertamente, se centraba de manera especial en la satira y en la parodia, dos recursos que le permitían, amparándose en una tradición retórica conocida, mostrar una realidad distorsionada para poder evidenciar mejor sus contradicciones. No es extraño, pues, que sean blanco de su sátira determinados tipos como el banquero, el burócrata, los poetas oficiales, o la alcahueta encargada de un burdel. El entorno al que los poemas de este libro se refiere es despreciable, puesto que está cimentado en la hipocresía y los personajes que lo pueblan no merecen la comprensión sino el desprecio más absoluto, de ahí también que el autor utilice la distancia irónica. Goytisolo aceptaba, además, por aquellos años la dicotomía marxista entre proletariado y burguesía. El poeta catalán consideraba entonces que burgueses eran todos los adictos al régimen, desde la oligarquía plutócrata hasta la burocracia más desfavorecida. En la clase burguesa se apoyaba a la vez el sistema impuesto por el franquismo y la Iglesia igualmente victoriosa. Goytisolo observa cómo los intereses religiosos y los burgueses coinciden con frecuencia, pero no le está permitido criticar a la Iglesia de manera directa y deberá buscar un mecanismo con el que pueda, al menos, insinuar veladamente su desacuerdo con una institución que se ha puesto al servicio de los poderosos,

---

[64] Vid. *Encuentros con el 50 (La voz poética de una generación)*, Oviedo, Fundación municipal de cultura, 1987, págs. 42-43.

[65] En *Diario del artista seriamente enfermo,* Barcelona, Lumen, 1974, pág. 160, Jaime Gil declara: «He escrito un poema que me tiene bastante contento. Por primera vez he utilizado la ironía, desde que leí *Salmos al viento* de José Agustín Goytisolo quería hacerlo y no ha resultado mal.»

traicionando a menudo el verdadero espíritu evangélico. Con la parodia de los textos bíblicos que se superpone a la sátira contra el burgués, consigue, en parte, su propósito. Además, insiste en la visión de una Iglesia que lejos de preocuparse por la propagación del amor de Dios y, en consecuencia, de la justicia, se obsesiona en velar para que se cumplan mandamientos y preceptos, aspecto en el que coincide con el sistema político imperante. En «Idilio y marcha nupcial» leemos: «el camino del hombre está marcado / por leyes sempiternas y además, / la autoridad ha establecido claras normas». La palabra «orden», predilecta del discurso oficial del régimen, se repite con insistencia: en «Los Celestiales», los poetas bien vistos son «gentes de orden por supuesto». En «El señalado», éste agita la terrible bandera de pliegues carcamales, «al grito de unidad familia orden». Las referencias al orden aparecen también en «Vida del justo» machaconamente: «Todo en orden» (v. 20); «Todo ha de estar en orden» (v. 43); «Todo en orden en efecto debía / estar todo en orden. Todo. Hasta lo más mínimo. La conciencia también» (vv. 44-45); «Ya se sabe es el orden de las cosas morales» (v. 50). Si a Goytisolo le interesa denunciar el «orden» burgués basado, como se desprende del contexto de los poemas, en la prepotencia, la injusticia y la falsedad del grupo dominante, necesariamente tendrá que emplear el subterfugio de la ironía. En este recurso seguirá haciendo hincapié en libros posteriores ante situaciones semejantes, como manifiestan diversos poemas de *Algo sucede, Bajo tolerancia, Sobre las circunstancias* o *Cuadernos de El Escorial*.

El título del libro *Salmos al viento* queda plenamente justificado por su contenido: los poemas incluidos son fácilmente comparables con los *Salmos bíblicos* de diferente tipo (históricos, didácticos, sapienciales, penitenciales, proféticos), cuya característica común es su intención laudatoria. Así, «Los celestiales» podría calificarse como salmo histórico, «La humedad de las niñas», como lamentatario, «El hijo pródigo», como sapiencial, «El señalado», como profético. También pudo haber influido en la elección del título el poema de León Felipe: «El salmo es mío [...]. El salmo es mío... ¡del poeta!... El salmo es una joya que les damos en prenda los poetas a los sacerdotes»[66]. Otros autores, como por ejemplo el valenciano Estellés, se han referido a la importancia del salmo: «No hi ha millor arma que el salm» *(Llibre de maravelles)*. En cuanto a la referencia «al viento», no hace falta señalar que con ella Goytisolo indica la vacuidad de su canto[67]. *Salmos al viento* consta de doce composiciones, todas ellas precedidas por citas bíblicas que muy a menudo cumplen una función paródica, puesto que el poema casi siempre contrasta abiertamente con la cita que lo antecede. Siete de ellas proceden del Antiguo Testamento (dos del *Eclesiastés,* una de los *Salmos,* el *Libro de Ezequiel,* el *Libro de la Sabiduría,* el *Deuteronomio* y los *Proverbios)* y cuatro, del *Nuevo Testamento* (dos de san Mateo, una de san Lucas y otra de la *Epístola de los Corintios* de san Pablo).

En su segundo poemario, Goytisolo superpone dos niveles de discurso, el lenguaje retórico que la tradición bíblica reclama y el del registro coloquial con que obtiene excelentes resultados paródicos. El propósito del poeta de trazar una panorámica de la situación de la inmediata posguerra, a través de unos determinados tipos de la burguesía hipócrita, le predisponen al uso de la lengua conversacional, caracterizada por una fuerte deixis y un marcado egocentrismo que se manifiesta en las apelaciones al receptor a quien quiere hacer partícipe de su visión del mundo, en la que abunda mediante reiteraciones y comparaciones que ayudan a la andadura narrativa, característica de este libro y que más adelante seguirá utilizando en varios textos de *Bajo tolerancia* (1973), donde también campea la ironía, como en «Esos locos furiosos increíbles» o «La sesión».

En *Salmos al viento* el tratamiento irónico está reforzado por la parodia y la sátira, perceptibles a través de una serie de

---

[66] León Felipe vuelve a insistir en «El zurrón de las piedras» y «Oh este roto y viejo violín», de 1966, en la misma idea: «Ahora me gusta lanzar al viento piedras sálmicas».

[67] La referencia al viento va a ser muy utilizada en *Claridad;* a veces se alude incluso a la necesidad de que sople el viento del Este.

marcas textuales entre las que cabe destacar las siguientes: la explotación de los factores de intertextualidad en clave de parodia literaria, que conlleva la aparición de personajes y objetos que quiebran la expectativa del lector creada previamente por el título y la cita que encabezan el poema; la deformación satírica de la realidad mediante la utilización de la hipérbole y de la reducción degradatoria, y, finalmente, la utilización de recursos estilísticos que explotan rupturas lingüísticas tales como la disemia, el eufemismo, las antífrasis o las connotaciones aportadas por un término que no concuerda con la atmósfera del marco textual en el que aparece.

La inclusión de referencias bíblicas, textuales o distorsionadas, de frases en latín sólo inteligibles en clave paródica, constituye un aspecto relevante de la intertextualidad que, como ya he apuntado, en *Salmos al viento* es de procedencia bíblica y se nutre de los diversos tipos salmísticos ya mencionados. Aunque el lector común de la época franquista no acertase con la procedencia exacta de cada uno de ellos, reconocía, en cambio, perfectamente, además de la forma laudatoria parodiada en todos ellos, los referentes sagrados: al santo Job, por ejemplo, en la «Vida del justo», o a la *Parábola del hijo pródigo* en la composición así titulada, porque en la escuela le habían explicado la *Sagrada Escritura*. Precisamente gracias a estos conocimientos, compartidos con sus lectores, le es posible a Goytisolo realizar la traslación de sentido del orden religioso al político-social. La parodia de la tradición salmística se apoya en tres tipos de referencias textuales:

a) Los versículos bíblicos que preceden a cada una de las composiciones (tres pertenecen a los *Evangelios,* una a la *Epístola de san Pablo a los Corintios,* y el resto, ocho más, al *Antiguo Testamento).* Estos epígrafes introductorios están utilizados de la misma manera que los lemas en latín que abrían los sermones solemnes de las celebraciones religiosas y que contenían el tema principal que iba a ser desarrollado y glosado por el predicador. Goytisolo desacraliza la cita en todos los casos, si bien en algunos poemas el epígrafe conserva la validez de su contenido textual, aunque aplicado a un ámbito distinto. Así, por ejemplo, en «Los celestiales»: «No todo el que dice: Señor, Señor, entrará en el reino...» (Mat., 7, 21) se refiere a la escasa calidad literaria de los poetas oficiales de la posguerra. En «Apología del libre» («... es más fácil que un camello...», Mat., 19, 24), «Las visitas» («Pasa una generación, y viene otra, pero la tierra es siempre la misma», Ecles., 1, 4), «Idilio y marcha nupcial» («y vi que todo era vanidad y apacentarse de viento», Ecles., 2, 11), o «El señalado» («Éste es el que algún tiempo tomamos a risa, y fue objeto de nuestro escarnio...», Sab., 5, 3), se adaptan a una significación social, ya que «el libre» es un banquero explotador que no entrará en el reino de los cielos, «las visitas» que acuden a los velatorios están siempre convencionalmente apenadas, los matrimonios al uso entre burgueses son pura conveniencia, y a los maricas se les toma, en general, como objeto de escarnio. En cambio, en los demás textos el significado de la cita no sólo se aplica a un ámbito diferente al previsto, sino que está subvertido por el contraste, irónico y sarcástico, que existe entre los versículos y el poema correspondiente, de manera que la realidad referencial del salmo de Goytisolo despoja al epígrafe bíblico de sus connotaciones simbólicas sacras y las convierte en una irreverencia. Quizá los ejemplos más brillantes de esta tergiversación sean «La mujer fuerte»: «¿Quién la hallará? Vale mucho más / que las perlas» (Prov., 31, 10), puesto que alude directamente a la dueña de un burdel, y «Vida del justo»: «Vivirá mientras perdure el sol, mientras / permanezca la luna, de generación en generación» (Sal., 72, 5), en el que aplica la hagiografía religiosa a un magnate banquero, mujeriego e hipócrita, cuya vida se desenvuelve entre el despacho, la casa de citas y los golpes de pecho penitenciales. También se basan en el mismo procedimiento los poemas «La humedad de las niñas», «El hijo pródigo», «Autobiografía» y «Tríptico del soldadito».

b) Las citas bíblicas textuales del salmo *Benedicite* incrustadas en mitad del poema y utilizadas a la manera de epifonemas sarcásticos que completan el sentido de cada una de las cuatro estrofas de «Vida del justo»:

> Aves todas bendecid al Señor
> cantadle y alabadle por los siglos.

cierran un episodio de amor venal coronado con éxito:

> Luz y tinieblas, bendecid al Señor
> cantadle y alabadle por los siglos.

Así se lleva a término el contraste establecido en la estrofa entre el orden y la luz del despacho del burócrata y la desolación de la muchachita comprada que se ha quedado en una habitación sórdida. La tercera y la cuarta estrofas, que cierran el poema, están culminadas de la misma manera por otros versículos del salmo al que he hecho referencia. El recurso paródico, a todas luces blasfemo, resulta en este caso de un enorme efecto satírico, puesto que uno de los rasgos característicos del funcionario, descrito por Goytisolo, es su pretendida religiosidad, revelada en sus prácticas habituales de arrepentimiento, confesión y nueva caída en el pecado.

c) El tercer tipo de referencia bíblica parodiada en *Salmos al viento* consiste en los calcos del lenguaje religioso, como, por ejemplo, el tono exhortativo utilizado en muchas de las composiciones: «escuchad», «cantad», «bendecid», «descanse en paz». O el empleo de frases lexicalizadas, como «buen Dios», «azote de Dios». O el tono sentencioso de las afirmaciones más categóricas: «Porque el mundo camina, gira, canta, rueda» («La humedad de las niñas»), aunque resulte quebrado por el efecto de burla producido por la acumulación verbal. Cabría añadir también la inclusión de ciertas frases bíblicas distorsionadas, como, por ejemplo: «porque tu reino sí que es de este mundo» («Apología del libre»); «... Suaves / son los caminos de Moloch, alegres las campanas» («Vida del justo»). En otros casos, las connotaciones de la frase no concuerdan en absoluto con los referentes texuales: «que alegran luego *el corazón de los humildes*» («La mujer fuerte»), ya que se alude al esmero con el que la dueña del burdel ultima los detalles que atraerán a sus clientes, mientras «... que de su boca iluminada *brota un canto glorioso y combativo*» («La mujer fuerte»).

Por último, resulta obligado aludir a varios de los títulos de los poemas, extraídos directamente de las *Sagradas Escrituras*. Así, anoto dos que reproducen exactamente expresiones bíblicas gramaticalizadas: «El hijo pródigo» y «La mujer fuerte», y otros tres que se refieren también a conceptos pertenecientes a ese mismo universo de discurso: «El señalado», «Vida del justo», «El profeta». La intención paródica de todos ellos es evidente y se da también, como en el caso de las citas analizadas, por la desadecuación que se produce entre la expectativa sagrada, y por consiguiente honorable, creada por el título y la ruptura absoluta de esa expectativa derivada del contenido del poema. De esta manera, como se ha visto, «La mujer fuerte» se identifica con la dueña de un burdel; «Vida del justo», con las aventuras *non santas* de un jefecillo aprovechado; «El hijo pródigo» alude a la trayectoria desviada, sólo temporalmente, por supuesto, del cachorro depravado de la gente bien; «El profeta» no es más que un iluminado medio loco que acaba devorado por sus colegas-buitres del mundillo académico universitario; y «El señalado» es un homosexual vergonzante e hipócrita que hace ostentación pública de «unidad, familia, orden» y que, por tanto, triunfa dentro del aparato represor franquista, desde el que presumiblemente hubiera sido perseguido.

Los ejemplos aportados me parecen suficientemente ilustrativos de la utilización paródica que hace Goytisolo de la Biblia. Quedan, sin embargo, otros elementos de intertextualidad, aunque, en mi opinión, son mucho menos interesantes que los examinados hasta aquí. Me refiero al caso de la inclusión de frases en latín, como ocurre en «Idilio y marcha nupcial»:

> deben acomodarse al juicio exacto
> a la moral *more geométrico demonstrata,*
> a los capítulos, al fin primordial
> a uso y no al abuso *res pudendae.*

Esta utilización recuerda también la que se hace en los sermones solemnes o en la de la retórica forense, sobre todo del derecho canónico, «divinas palabras» que contribuyen, con el prestigio del código culto, a realzar la importancia de la tesis moral a la que hacen referencia y que es objeto, por otro lado, de la befa de Goytisolo. En el poema «Meditación sobre el yesero» *(Algo sucede)* empleará tiempo después parecidos recursos.

También se pueden incluir dentro de la técnica paródica las tergiversaciones lingüísticas calcadas sobre la denominación de instituciones culturales muy conocidas, como es el caso del Consejo Superior de Investigaciones Científicas, llamado en «El profeta», «Consejo Supremo de Disquisiciones Metafísicas».

Goytisolo consigue igualmente potenciar la sátira con la deformación sistemática de la realidad. Para ello, abunda fundamentalmente en dos recursos estilísticos contrapuestos pero complementarios como son la hipérbole y la reducción degradatoria. La exageración hiperbólica es uno de los ingredientes más destacados del sarcasmo a partir de *Salmos al viento* en toda la obra del autor, y el lector suele percatarse con facilidad del desacuerdo existente entre lo expresado por el poeta y su referente real (patente incluso en el uso inadecuado de las mayúsculas: la Gran Marcha Nupcial [«Idilio y marcha nupcial»], El Señalado [«El señalado»], Francisca, La Señora, / La Encargada, La Reina De La Casa [«La mujer fuerte»]). En el poema «Los celestiales», la hipérbole y la reducción degradatoria se dan a la vez y su aparición es tan frecuente que podemos encontrarla en cualquiera de los niveles del análisis lingüístico, así en estos versos:

> Y así el buen Dios sustituyó
> al viejo padre Garcilaso y fue llamado
> dulce tirano amigo mesías
> lejanísimo sátrapa fiel amante guerrillero
> gran parido asidero de mi sangre y los Oh Tú
> y los Señor Señor se elevaron altísimos empujados

señalamos dos superlativos, un adjetivo ponderativo, acumulación de atribuciones predicativas heterogéneas, además de las degradaciones «gran parido» y «asidero de mi sangre» que comportan respectivamente, la reducción de los símbolos religiosos «hijo del hombre» y «amparo o refugio de los humanos» a connotaciones puramente materiales.

También la composición «Apología del libre» es un claro ejemplo de la utilización de la hipérbole, perceptible ya en las aclamaciones iniciales: «¡Grande y poderoso eres oh prócer / oh singular prestigio nuevo Creso!», y en el efecto que produce su aparición como Júpiter Tonante: «A tu presencia tiemblan las paredes los empleados el papel los números», acrecentada mediante la caótica serie de los elementos que tiemblan. El poeta consigue así que el lector perciba al «nuevo Creso» como un dios todopoderoso, capaz de infligir miedo también a seres inanimados. La exageración continúa en la comparación:

> De entre todos te alzaste como un monte
> de lava sobre el páramo en asombro
> de chispas y clamor y ahora
> dominas desde lo alto de tus cumbres
> las diminutas vidas que te observan.

Esta descripción hiperbólica, cuyo antecedente remoto podría ser el Polifemo gongorino, habida cuenta de que la referencia se reitera poco después, cuando el poeta alude a «qué grande maravilla / apercibió en tu frente», resulta potenciada por el juego de contrastes «monte/páramo», «alto/diminutas», incluso, «asombro/clamor». La composición acaba con la drástica reducción del mundo a simple asiento del banquero:

> ... pues que el mundo
> se hizo sin duda para ser asiento
> de posaderas recias y bursátiles como las tienes tú.

(«Apología del libre»)

Otra de las técnicas utilizadas por Goytisolo consiste en la reducción degradatoria, a la que seguirá recurriendo en numerosos epigramas posteriores. Mediante ésta consigue presentar al lector personajes ilustres, honrados o de buenas costumbres, pertenecientes al régimen franquista, para desposeerlos de su rango social, reduciéndolos a un tipo, a un animal, a una cosa. Así, podemos leer en «Los celestiales» que los poetas, olvidados de Dios, son «ciegos mortales perros heridos por su fuerza», animalización que se repite en «Autobiografía», cuando alude a que el maestro «graznó: pequeño niño / no sirves para nada». O en «El hijo pródigo», cuyo hogar es un redil al que pronto volverá para convertirse en «un elefante de piedad». Igual que en «El profeta» encontramos una identificación entre «... los buitres / los profesores y los ayudantes» que se disputan y devoran los despojos del pobre enviado de Moloch.

También es frecuente la degradación a partir de la cosificación del sujeto. Así, por ejemplo, los invitados a una boda son en «Idilio y marcha nupcial» «... llantos, hipo ...», reducción drástica que nos recuerda la utilizada por Valle-Inclán en sus esperpentos. O en la caracterización del banquero en «Apología del libre»:

> Nadie como tú maravilloso germen
> de la opulencia y de la gran industria
> con tu cartera con tu hermosa calva
> rodeada de planetas y aureolas
> con tu pulcro chaleco abotonado
> sobre tu inmenso abdomen nadie
> nadie como tú flor nueva
> tulipán de oro

en la que comienza por denominar germen lo que, naturalmente, acabará siendo «flor y tulipán», referencias que rebajan la dignidad del prohombre poniéndolo en ridículo. Además, la descripción del personaje está basada en la simple designación de los objetos y de los rasgos físicos que le identifican: cartera, chaleco, calva y abdomen inmenso.

La cosificación es, asimismo, patente en «La humedad de las niñas», texto en el que, mediante un procedimiento que podría calificarse de prolongadamente eufemístico, se refiere a la represión sexual a la que se verán sometidas las jovencitas de las familias burguesas durante el invierno: «se irán poniendo feas y frías y mojadas». Para la utilización de este procedimiento, el autor se sirve también de comparaciones usadas por la retórica oficial, como, por ejemplo, la identificación de la familia con un edificio de sólidos cimientos, si bien el poeta subvierte su intención primitiva y consigue que connoten degradación al incluirlas en contextos claramente satíricos.

Los recursos estilísticos potenciadores de la ironía se dan a veces entremezclados con los paródicos y satíricos, pero no se agotan ahí, puesto que en la poesía de Goytisolo encontramos numerosos eufemismos, disemias, antífrasis y, en general, rupturas lingüísticas que ponen de manifiesto el distanciamiento del emisor con respecto al enunciado. Probablemente, los mejores exponentes de esa inteligente explotación de la ambigüedad sean los poemas «La mujer fuerte», «El señalado» y «La humedad de las niñas», cuyas alusiones oblicuas (metonimias, circunloquios, eufemismos o lítotes) son constantes. De este modo, el poema «La mujer fuerte» está construido sobre el equívoco paródico de aplicar el apelativo bíblico a la dueña de un burdel. A partir de la comprensión de este enfoque, todas las alusiones ambiguas se hacen transparentes, lo mismo que toda la serie de circunloquios tomados del lenguaje eclesiástico-bíblico, según los cuales las ceremonias del lupanar son identificadas con objetos y escenas del ritual religioso: «manos benditas», «cortejo / de toallas», «canto glorioso y combativo», «la llama del más noble templo», «estrella salvadora», «morada / de la que salen dardos dirigidos al pecho / de los aburrimientos conyugales».

«La humedad de las niñas», igual que uno de los poemas más celebrados de Goytisolo dedicado a los poetas, «Así son», de *Bajo tolerancia,* comienza con una larga lítotes:

> Es una cosa triste la gente no lo sabe.
> Es un lametón ciego una mano sudada
> un agujero blanco tal un traje de muerta
> que aparece de pronto, saltando por las casas
> por las calles por todo. Es una cosa enorme.

con la que Goytisolo provoca la curiosidad del lector, que vacila entre interpretar la aplicación de todas estas atribuciones al título del texto «La humedad de las niñas», o buscar otro sujeto que parezca más lógico. Sin embargo, a medida que avanza el poema, el procedimiento metonímico se hace cada vez más evidente. Así, se alude, primero, a la libertad sexual de la que han disfrutado las jovencitas durante el verano, cuando, presumiblemente, algunas de ellas han perdido la virginidad: «las risas las canciones, / alguna cinta roja partida y olvidada», libertad que contrasta con los rigores que, indefectiblemente, sufrirán durante el invierno mientras estén encerradas en un internado:

> Las niñas están quietas solas y quietas. Frías.
> Y se ponen mojadas.
> [...]
> las niñas tienen frío palidecen las pobres
> y están tristes pues saben que por todo el invierno
> se irán poniendo feas y frías y mojadas.

Más eufemismos encontramos en «El hijo pródigo», que tiene «tratos infamantes» hasta que pasa su «ardorosa juventud». Y en «Vida del justo», donde acude a perífrasis eufemísticas para referirse al sempiterno proceso mil veces repetido en la vida del Tartufo:

> Por eso el hombre
> llamado Claudio irá sin más tardar mañana
> o pasado tal vez ante el que está encargado
> de reparar y blanquear conciencias
> y todo estará listo y vendrá el sueño consolador
> ya se sabe es el orden de las cosas morales
> costumbre honesta por demás: alzarse
> caer de nuevo volverse a levantar.

Aunque a medida que avanza la composición aparecen otros recursos, tales como la introducción de términos inusuales en ese contexto, por ejemplo:

> Frecuenta los lugares de erudición: reuniones
> bibliotecas mingitorios. Su voz se escucha
> en los parlamentos y en los templos
> en las tabernas y en los amueblados.

Está claro que este procedimiento de contraste, tan acusado entre elementos que provocan connotaciones tan dispares, es de una enorme efectividad satírica, puesto que desvaloriza de manera absoluta la pretendida actividad intelectual del sujeto y, al mismo tiempo, degrada las bibliotecas, los parlamentos o los templos al ponerlos al mismo nivel que los mingitorios, las tabernas o los amueblados, frecuentados con la misma solicitud por el homosexual vergonzante.

Otros ejemplos de alusiones perifrásticas y de elusiones se encuentran en casi todos los poemas de *Salmos al viento*. Así, en «Idilio y marcha nupcial» se entiende el acto de la reproducción mediante un circunloquio: «se palpa la presencia del amor / de su severo y principal mandato». O en «Vida del justo», donde asistimos a la libidinosa escena entre don Claudio y una muchacha pobre:

> La cita había dado resultado y los proyectos
> acariciados en largas noches
> pensando en el oscuro corredor
> con un diván al fondo y además
> con lavabos y faldas descendiendo
> y un roce húmedo y todo
> lo que sigue se cumplieron en parte
> buenamente es decir que ocurrió y salvo imprevistos
> volvería a ocurrir. Victoria triunfo.

Goytisolo maneja la lítotes con maestría, ya que sin expresar directamente nada de lo que ocurre, lo deja entender perfectamente a partir de tres palabras, que resultan claves en el contexto: «lavabos», «faldas», «roce».

El uso paródico de la tradición bíblico-literaria, la utilización de la hipérbole y de la reducción degradatoria potenciadores de la sátira, junto con el empleo sistemático de los recursos de disimulación, eufemismos, antífrasis, equívocos, contrastes, constituyen la máscara del personaje de ficción, encarnado por el propio autor, que, gracias a la ironía, puede atreverse a poner en evidencia las lacras, contradicciones e hipocresías de la sociedad burguesa, y, con ella, del nacionalcatolicismo de los años 50, de manera que el lector-cómplice pudiera reírse con el engañador a costa del terrible régimen del engañado.

Estas dos calas en la obra poética de J. A. Goytisolo me han permitido utilizar técnicas distintas para abordar su estudio. En el análisis de *El retorno* y *Final de un adiós* me he basado fundamentalmente en aspectos temáticos, mientras que en *Salmos al viento* he tenido en cuenta, sobre todo, los recursos estilísticos de su lengua poética. Ese enfoque bipartito pretende ser complementario y permite señalar dos maneras distintas de acceder a la obra del poeta barcelonés.

José Agustín Goytisolo.

Apéndice: las entregas poéticas

Los numerosos libros de poesía publicados por Goytisolo, que cuentan además con otras tantas reediciones que incorporan numerosos cambios y variantes, me han llevado a considerar la necesidad de establecer, en apretado resumen, una descripción de cada una de las entregas que permitiera al lector conocer someramente la evolución de la obra del autor catalán, atendiendo especialmente a las primeras ediciones hoy inencontrables.

El retorno

El primer libro de José Agustín Goytisolo apareció en Madrid en 1955 en la colección «Adonais». Un año antes había obtenido un accésit al premio del mismo nombre. Junto a *Salmos al viento* (1958) y *Claridad* (1960) se publicaría de nuevo en 1961 bajo el título de *Años decisivos*[68]. Fue reeditado en la editorial Lumen[69] en 1986, con un prólogo, «Del retorno al adiós: doble recorrido por la poesía de José A. Goytisolo» de José Luis Aranguren. Esta edición, que Goytisolo considera definitiva, presenta variantes con relación a la primera, que incluía los poemas sin numeración ni título, como partes de una elegía fragmentada. En la edición de 1986, en cambio, los poemas están numerados y llevan título, pero se

---
[68] *Años decisivos*, Barcelona, Colliure, 1961.
[69] Lleva el número 51 y consta de 73 páginas. El análisis dedicado a *El retorno* en esta misma Introducción me exime de ofrecer aquí más detalles.

mantiene intacta la dedicatoria, «A la que fue Julia Gay», y la cita de Eliot, «Partió, mas en los días de otoño soñadores forjó mi mente, golpe a golpe», que encabeza los poemas a la vez que anticipa su tono.

Los textos fueron compuestos entre 1950 y 1953. La muerte de la madre, acaecida cuando José Agustín Goytisolo tenía nueve años, le sirve de materia poética, como se ha visto ya. *El retorno* se relaciona estrechamente con *Final de un adiós* (1984), con el que cierra, con otro libro entero, el ciclo elegíaco dedicado a aquélla.

Diversos poemas de *El retorno*, algunos con variantes, se incluirán en sus entregas posteriores. Así, incorporan textos los libros *Del tiempo y del olvido*, *Palabras para Julia*, *A veces gran amor*. Este primer libro, junto a *Final de un adiós* volverá a publicarse en 1993 con el título de *Elegías a Julia Gay*.

Salmos al viento

Salmos al viento obtuvo en 1956 el premio «Boscán»[70] y fue publicado por el Instituto de Estudios Hispánicos en Barcelona, en 1958. Los doce poemas que lo integran fueron escritos entre 1955 y 1956. Es el texto más reeditado de Goytisolo[71]. A partir de la segunda edición se abre con una cita de Quevedo: «Oyente si tú me ayudas / con tu malicia y tu risa / verdades diré en camisa», que Goytisolo corta, ya que la letrilla de Quevedo[72] sigue con otro verso, «poco menos que desnudas», con el que se cierra la primera cuarteta heptasílaba. A partir de 1973 las reediciones añaden un fragmento de

---

[70] El jurado, bajo la presidencia de José M.ª Castro y Castro, estaba integrado por los vocales J. M.ª Castellet, L. Gomis, N. Luján, J. M.ª Valverde y A. Vilanova. Actuaba de secretario F. Galí. Las deliberaciones tuvieron lugar en el restaurante Glacier, el sábado 9 de junio de 1956. Se presentaron 168 libros; entre los seis que pasaron a las votaciones se encontraba *El tiempo de esperar* de E. Badosa. Quedó finalista J. M.ª Caballero Bonald. El importe del premio era de cinco mil pesetas. Goytisolo recibió la noticia por teléfono, a través del entrevistador de *La Vanguardia*, el periodista Del Arco.

[71] Se ha reeditado seis veces y ha sido traducido al italiano en 1963 por Adela Faccio.

[72] Quevedo, *Obras completas*, ed. José Manuel Blecua, I, Barcelona, Planeta, 1963, letrilla 654, pág. 705.

un artículo de Castellet, a modo de prólogo, titulado «Los Salmos de Goytisolo»[73]. En la de 1980, conmemorativa del casi vigésimo quinto aniversario de la aparición de los poemas, el autor ofrece unas páginas introductorias: «Desde ahora y sin nostalgia una vez más».

José Agustín Goytisolo fue el primer miembro del grupo catalán de los cincuenta en percatarse de las posibilidades de la sátira. Tenía sólo veinticinco años cuando comenzó a componer *Salmos al viento*. Precisamente como imitación del tono de estos poemas escribió Jaime Gil de Biedma «El arquitrabe» *(Compañeros de viaje)*, empleando, por vez primera, el recurso de la ironía[74].

La poesía de la posguerra contaba con escasas contribuciones a la sátira, a excepción de algunas composiciones de Victoriano Crémer, anteriores a *Salmos al viento*. Precisamente Ángel González, quien, a partir del «Discurso a las jóvenes» *(Sin esperanza, con convencimiento,* 1961), utilizará la ironía como un recurso clave, puso de manifiesto su deuda con Goytisolo, como ya se observó en páginas anteriores.

Claridad

El poemario escrito entre 1957 y 1958, obtiene este mismo año el premio Ausias March y ve la luz en 1961 en Valencia. Será incluido, como parte III, en *Años decisivos* (1961), libro publicado por la recién estrenada colección «Colliure», dirigida por José M.ª Castellet. En 1998 aparece reeditado en la editorial Lumen[75], con un prólogo, desgraciadamente póstumo, de Emilio Alarcos Llorach: «Retorno a Claridad». El profesor ovetense se refiere, en especial, a los cambios que Goytisolo incorpora a la nueva edición que da por definitiva. Así, amplía las partes, que pasan de tres a cuatro, y en ellas alterna poemas que se refieren al yo con otros que tra-

---

[73] Reproduce un artículo de Castellet aparecido en *Papeles de Son Armadans* LXIX (diciembre de 1961), págs. 307-310.
[74] *Vid. Diario del artista seriamente enfermo* (Barcelona, 1974, pág. 160).
[75] Lleva el número 104 de la colección.

tan del nosotros. Dado que el lector puede consultar la edición de 1998 y en cambio tendría muchas dificultades para acceder a la de 1960, desde hace años agotada, me parece más útil referirme a aquélla.

Claridad (1960), sinónimo de poesía, a tenor de las connotaciones que aparecen en el poema que cierra el libro y de cuyos versos, inicial y final, toma el título, se abre con una cita de Antonio Machado: «Sin salir de mí mismo, yo noto que en mi sentir vibran otros sentires y que mi corazón canta siempre en coro», que procede de «Problemas de la lírica», texto de 1917, en la línea de las glosadas por Castellet en su antología recién aparecida[76]. Son los años del fervor machadiano cuya advocación en los textos poéticos es casi como un santo y seña que vincula a sus autores al «realismo crítico» y a una manera distinta de entender la poesía[77].

El recuerdo de Machado preside, pues, *Claridad,* que a su vez se divide en tres partes, «El ayer», «En el camino» y «Hacia la vida». Cada una procede de un verso del poeta de *Campos de Castilla*. Así, «El ayer» proviene del poema «A una España joven», CXLIV de las *Poesías completas:* «Fue ayer, éramos casi adolescentes; era / con tiempo malo, encinta de lúgubres presagios», versos que se relacionan con la situación de la inmediata posguerra que nos describe Goytisolo en este apartado. «En el camino», la alusión machadiana es suficientemente clara, ya que la palabra «camino» constituye una constante en la poesía de don Antonio, desde sus primeros poemas incluidos en *Soledades*. Precisamente «Del camino» es el título escogido para abrir la segunda parte de este libro. En cuanto a «Hacia la vida», procede del texto «A un olmo seco» *(Campos de Castilla):* «Mi corazón espera / también hacia la luz y hacia la vida, / otro milagro de la primavera». Aunque Machado se refiera a un milagro mucho más íntimo,

---

[76] *Vid.* en mi estudio *La Escuela de Barcelona,* ed. cit., las páginas 190-200, dedicadas a la influencia de Machado.

[77] La definición de Machado «poesía es palabra esencial en el tiempo» fue interpretada de modo parcial por Castellet en la «Introducción» de su Antología. Para Castellet, el concepto de temporalidad equivalía a historicidad, es decir, a una poesía totalmente aferrada a la realidad del tiempo histórico. «Introducción», *Veinte años de poesía española,* Barcelona, Seix Barral, 1960, pág. 49.

los versos sirven para connotar, en aquellos momentos, esperanzadores cambios políticos, a los que, siguiendo las directrices de la moda impuesta por la poesía social, dedicaron poemas Jaime Gil, Goytisolo, Valente o Ángel González, además de Otero, Celaya, Nora y Crémer. Goytisolo trata ese tema en los textos «Secreto», «Madrugada» y especialmente en «Algún día», pieza que guarda estrecha relación con «Canción para ese día» de Jaime Gil de Biedma.

Las tres partes de *Claridad* corresponden a tres etapas en la biografía del autor, que aseguró, al publicar el libro, que éste era autobiográfico, «no sólo mío sino de otras personas que han vivido problemas que también me atañen»[78]. Parece clara la voluntad del poeta de enlazar con las dos notas que Castellet atribuiría precisamente a la poesía de Machado, «la objetividad» y «la fraternidad»[79]; la autobiografía, por tanto, va más allá de lo subjetivo al intentar incluir también a quienes comparten fraternalmente sus problemas. Goytisolo, en consecuencia, se esfuerza para inscribirse en la nueva corriente intentando enmascarar el subjetivismo que toda autobiografía conlleva necesariamente. Castellet, al analizar el libro, apunta:

> Goytisolo nos ofrece una autobiografía que es, evidentemente, la suya propia, personal, inalienable, pero contada, narrada de tal modo, desde un ángulo histórico y con una conciencia solidaria de su condición de hombre que adquiere valor de tipicidad, dimensión colectiva, testimonio social[80].

No hay duda de que *Claridad* será tomado como un libro comprometido lo mismo que *Salmos al viento* (1955), aunque no se trate de «un texto homogéneamente comprometido» como el anterior[81] en el que aparecen poemas que podrían ser clasificados de sociales, no sólo por los temas y su trata-

---

[78] Entrevista de Juan Cruz en el periódico *La Tarde* (Tenerife, 20-6-1982).
[79] *Veinte años de poesía española*, ed. cit., pág. 55.
[80] «La poesía de J. A. G.», *Papeles de Son Armandans*, LXIX (diciembre de 1961), págs. 307-308.
[81] *Vid.* Lechner, *El compromiso en la poesía española del siglo xx*, parte II: de 1937-1974, Leiden, Universidad Pres, 1975, págs. 68-69.

miento, sino también por su voluntad eminentemente narrativa y su tono coloquial.

Años decisivos

El libro aparece en Barcelona en 1961 en la editorial Colliure[82]. Reúne las tres entregas anteriores de Goytisolo: *El retorno* (1955), *Salmos al viento* (1959) y *Claridad* (1960), y se divide en tres partes.

La primera parte, *El retorno*, se abre con la dedicatoria «A la que fue Julia Gay», lleva la misma cita de T. S. Eliot que en la primera edición y reúne los veintiún fragmentos que integraban el libro en 1955. La segunda parte, *Salmos al viento*, incluye también igual número de poemas que en la primera edición. La tercera parte, *Claridad*, reproduce la edición de Valencia de 1960.

El título, *Años decisivos*, alude a los años de la infancia y juventud del sujeto poético, que coinciden con la posguerra tan desgraciadamente *decisiva* para todos los españoles. El poeta barcelonés denomina a esta época con términos parecidos a los que usarían más adelante Valverde *(Años inciertos* [1970]) y Barral *(Años de penitencia* [1975]).

El libro fue reseñado por Castellet en *Papeles de Son Armadans*[83] y la parte que trataba de *Salmos al viento* sirvió de prólogo a las posteriores ediciones de esta entrega.

Con *Años decisivos* Goytisolo inaugura y pone de moda entre sus compañeros de la Escuela de Barcelona la reunión en un solo volumen de toda la obra publicada hasta la fecha. Posteriormente, Barral recogerá en *Usuras y figuraciones* sus libros y Jaime Gil hará lo mismo en *Las personas del verbo*. No obstante, José Agustín Goytisolo no volverá a recopilar toda su obra en un único volumen, por el contrario, a menudo irá incluyendo poemas ya editados, junto a unos pocos inéditos.

---

[82] Consta de 127 páginas y no lleva prólogo. De la página 13 a la 35 se incluyen los poemas de *El retorno;* de la página 79 a la 127, los de *Claridad;* de la 36 a la 78, los de *Salmos al viento*.

[83] J. M.ª Castellet, «La poesía de José Agustín Goytisolo, *Papeles de Son Armadans*, LXIX (diciembre de 1961), págs. 307-310.

Algo sucede

El quinto libro de José Agustín Goytisolo aparece en Madrid en 1968 en la colección «El Bardo» (Ed. Ciencia Nueva)[84]. Posteriormente, en 1996 fue reeditado en Lumen, con numerosos cambios y un nuevo prólogo de título taurino, «Los lances y las suertes», de la profesora Luisa Cotoner.

El texto de 1968 se divide en cuatro partes y suma un total de cuarenta y dos poemas que se distribuyen de esta manera: diez en la primera y segunda, nueve en la tercera y doce en la cuarta. Sin embargo, en la edición de 1996 el autor reorganiza la entrega, que se conforma del siguiente modo: nueve composiciones en la primera, dieciséis en la segunda, nueve en la tercera y siete en la cuarta. Cambia los títulos de algunos poemas y varía otros, como ya es habitual en las reediciones.

Los poemas fueron escritos entre 1963 y 1967 y carecen de unidad, excepto los que integran la tercera parte, constituida por homenajes. Los temas anticipados en las anteriores entregas, especialmente en *Claridad* (1951), se centran en:

a) La poesía y el oficio del poeta («Oficio del poeta», I parte, y «Arma de dos filos», «A un poeta joven», «El poema difícil», todos de la IV parte).

b) El «realismo crítico» («Nadie está solo», I parte; «Meditación sobre el yesero», III parte, y «Pierre, le maquis», IV parte).

c) La autobiografía, no exenta de referencias a la situación política con la que no está de acuerdo el sujeto poético y que desembocará en la poesía de la experiencia («Mis habitaciones», «Adiós», «Aporto nuevos síntomas», «Nochebuena con

---

[84] La colección «El Bardo» estaba dirigida por José Batlló, y en ella publicaron los poetas del realismo crítico y los novísimos, como Gimferrer y Vázquez Montalbán. A su vez, sirvió para difundir la poesía catalana y gallega, ya que salieron colecciones bilingües de Espriu, Horta y Celso Emilio Ferreiro. *Algo sucede* llevaba el número 37 de la colección y se hizo una tirada de mil ejemplares. La reedición de Lumen lleva el número 92 y tiene 100 páginas.

Rosa», «Quiero ser gato», «Como la hiedra», «Carta a mi hermano», «Todavía estoy vivo», ocho poemas que pertenecen a la I parte; en la II parte encontramos: «Días de luz», «Alta fidelidad», «Noches blancas», «Estrictamente personal», «Tú tiemblas», «Piazza Sant'Alessandro, 6», y en la IV parte: «Bilbao Song» y «Hombre de provecho».

d) Los homenajes a cuatro poetas: Aleixandre («Como el águila»), Alberti («Salud, Alberti»), Drumond de Andrade («Noticia a Carlos Drumond de Andrade») y Carles Riba («Ha muerto Carles Riba»); un ensayista, Umberto Eco («Requiem aperto»); dos pintores, Todó («Catálogo de pintura»), un anónimo «El maestro de Tahull», y un escultor, Max Weiss. También en algunas de estas composiciones aparecen referencias sociales de denuncia y rechazo.

El título procede de un poema que la censura no le permitió incluir (será recogido posteriormente en *Del tiempo y del olvido* [1977]), en el que alude a la situación política de los años 60 y está dedicado «A las compañeras y compañeros con los que compartí el hospedaje que nos brindaron los Capuchinos de Sarriá durante tres luminosos días de marzo de 1966», con quienes Goytisolo vivió la llamada «caputxinada», que consistió en el encierro de estudiantes de la Universidad de Barcelona, junto con diversos intelectuales y artistas de la oposición, para crear los estatutos del primer Sindicato Democrático Universitario. La reunión terminó con el desalojo por parte de la policía y numerosos expedientes y multas. Antes de aparecer en *Del tiempo y del olvido* vio la luz en el número cinco de *Ruedo Ibérico,* en 1966, con una dedicatoria distinta: «A mis compañeros de generación».

Bajo tolerancia

El poemario se imprimió en Barcelona en la colección «Ocnos» (Llibres de Sinera) en 1973 y de nuevo en 1976. En 1996 se incluyó en la colección poética de Lumen[85] con

---

[85] Con el número 89, consta de 75 páginas.

un prólogo de la escritora Neus Aguado, titulado «Como una canción». Esta edición, que su autor considera definitiva, consta sólo de veinte poemas, menos de la mitad de la primera, y no se divide en secciones.

Su título procede del poema «Así son», que abre la II parte del poemario en la primera edición, concretamente del verso «mas casi siempre bajo tolerancia». Se refiere a los poetas, «las viejas prostitutas de la historia» que, como éstas, ni están prohibidas ni admitidas en la sociedad, sino simplemente toleradas.

Bajo tolerancia, que recoge textos escritos entre 1970-1971, en su primera edición se divide en cuatro partes: I) «Del tiempo y del olvido», II) «Cuestiones y noticias», III) «Por los dominios de la arquitectura», IV) «Fragmentos de un diario de trabajo», integradas por once, diez, doce y nueve poemas, respectivamente, que suman un total de cuarenta y dos, el mismo número que reunía su libro anterior, *Algo sucede*.

Tanto la III como la IV parte pasan íntegramente a *Taller de arquitectura* (1977)[86], libro que reunirá materiales procedentes de poemarios anteriores junto a unos pocos inéditos.

Asimismo, la parte I de *Bajo tolerancia*, «Del tiempo y del olvido», dará lugar a otra entrega que, con este mismo título, aparecerá en 1978, aunque con pie de imprenta del 1977. «Del tiempo y del olvido», a su vez, procede del último verso del primer poema de la I parte de *Bajo tolerancia:* «Es el enfermo a veces».

La primera edición de *Bajo tolerancia* supone un enriquecimiento con respecto a la obra anterior de Goytisolo, no sólo desde el punto de vista estilístico, sino también temático. El poeta barcelonés intensifica los temas que aparecen en libros anteriores y les otorga a veces un nuevo tratamiento, como ocurre en las composiciones que se refieren al oficio del poeta, a su papel en la sociedad.

---

[86] Suman un total de 22 poemas, que representan la mitad de *Taller de arquitectura.*

Taller de arquitectura

El libro aparece en 1977, en Barcelona, editado por la colección «El Bardo» que por entonces pertenecía a la editorial Lumen[87], y se reedita en 1995 con un prólogo del autor titulado «El porqué» en el que refunde una nota que, con el mismo título, precedía a la primera edición. Se trata de una explicación temática (todos los poemas de *Taller de arquitectura* son urbanos o tienen que ver con la ciudad o los dominios de la arquitectura) y justificativa del título. Goytisolo trabajaba por la época de la composición de muchos de los poemas incluidos en la entrega, en los inicios de los años 70, en el Taller de Arquitectura de Ricardo Bofill. Sin el contacto con el equipo de Bofill, probablemente nunca hubiera escrito esos textos. El poeta barcelonés recoge ya en la edición de 1977 poemas publicados anteriormente, junto a unos pocos inéditos compuestos entre 1973 y 1975.

El libro se divide en cinco partes: I) «Relato compuesto con poemas y fragmentos de un diario de trabajo», II) «Sobre algunos proyectos», III) «Habitaciones, ciudades y homenajes», IV) «Manifiesto del diablo», y V) «Las buenas maneras». El número de poemas agrupados en cada sección varía, así como su origen.

La primera parte está integrada por una larga composición, «Sinopsis helicoidal», algunos de cuyos fragmentos habían sido ya anticipados en *Bajo tolerancia* por separado y con títulos que ahora desaparecen.

«Sinopsis helicoidal» sólo incorpora inéditas las partes una, dos, cuatro, cinco, siete y diecinueve, lo que constituye un tercio del texto.

La parte II, «Sobre algunos proyectos», está integrada por seis poemas, de los que sólo dos, «Walden» e «Imagen de Les

---

[87] Lleva el número 113, consta de 108 páginas más dos sin numerar. En la primera página se hace referencia a que el director de la colección es José Batlló. Cuando Batlló deje de estar vinculado a Lumen, la colección dejará de denominarse «El Bardo». El diseño y la cubierta de Joaquim Monclús se mantendrán, igual que el formato y el color terroso de las cubiertas.

Halles»), son inéditos. Los otros cuatro («Ventana a la plaza de San Gregorio», «Crónica de un asalto», «En el Xanadú» y «La muralla roja») aparecían ya en *Bajo tolerancia* en el apartado «Por los dominios de la arquitectura».

La parte III, «Habitaciones, ciudades y homenajes», recoge dieciocho textos, de los cuales sólo uno, «Fuera», es inédito. En cuanto a los demás, dos proceden de *Años decisivos (Claridad),* «El lugar», y «175, Grower Street»; nueve, de *Algo sucede* («Mis habitaciones», Piazza Sant'Alessandro, 6», «Bilbao Song», «En mi ciudad algún día», «Maestro de Tahull», «Réquiem aperto para Umberto Eco», «Meditación sobre el yesero», «Exposición en el palacio de la Virreina» y «Catálogo de pintura»); seis, de *Bajo tolerancia* («Salida de la bella horrible Lima», «Petitorio para que dejen regresar un ratito desde el tiempo al arquitecto don Antonio Gaudí», «Jane Jacobs tiene miedo», «Un diagnóstico claro», «Hacia la autopista» y «Canción de un escriba egipcio de la VI dinastía»). Finalmente, las dos últimas partes de *Taller de arquitectura* («Manifiesto del diablo», IV, y «Las buenas maneras», V) son inéditas y recogen tan sólo un largo poema cada una. Los inicios de los títulos de las dos composiciones («Manifiesto del diablo sobre la arquitectura y urbanismo» y «Las buenas maneras o la soledad en el poder de un político conservador en tiempos de transición») han dado pie a bautizar la sección.

De los cuarenta y cinco textos que incluye *Taller de arquitectura,* sólo ocho son inéditos, lo que implica un 21% del total. *Taller de arquitectura* es, en consecuencia, un libro de recopilación de materiales anteriores a los que añade una pequeña aportación inédita.

Del tiempo y del olvido

El poemario ve la luz en 1977, el mismo año que *Taller de arquitectura,* en la editorial Lumen[88] y se reedita sin cambios en 1980. Le precede una introducción del pro-

---

[88] Lleva el número 21 de la colección y consta de 90 páginas.

pio autor, titulada «La fortuna y la gracia», en la que se refiere a la situación política por la que atraviesa el país y a la necesidad de la poesía, como paliativo de esos malos tiempos:

> Gracias a la poesía he podido dar rienda suelta a mi innata mala leche y, empleando la sátira o la ironía, decir cosas que de otro modo no me hubieran dejado publicar jamás[89].

Goytisolo arremete contra sus adversarios políticos y literarios, los críticos, a los que acusa de cortedad de miras, y finaliza señalando tres normas imprescindibles para el escritor, entresacadas de los textos de Mallarmé y Horacio:

> La primera es no confundir los buenos sentimientos con la buena poesía. Así les ha ido a los que no han podido matizar tal distinción. La segunda consiste en no caer en cualquier tipo de formalismo temático que vuelva los escritos muy parecidos los unos a los otros [...]. Y la tercera es emplear, además del oficio, el artificio, la malicia literaria que sea capaz de sorprender y captar la atención de los demás y, en definitiva, de emocionarles o divertirles[90].

El título *Del tiempo y del olvido* procede del último verso del poema «Es el enfermo a veces» («Por no sentir también la mordedura del tiempo y del olvido»), que ya se publicó en *Bajo tolerancia* y que de nuevo se incluye en este texto. También la primera sección de este libro se titulaba «Del tiempo y del olvido».

Del tiempo y del olvido recoge poemas de todos y cada uno de los libros anteriores de Goytisolo. De los cincuenta y un

---

[89] *Del tiempo y del olvido*, Barcelona, Lumen, 1977, s. p.
[90] *Ibíd.*

poemas que lo integran tan sólo veinticinco son inéditos, lo que representa un 49% del libro.

El poemario se divide en cuatro partes: «Primer poema» (I), «Consideraciones» (II), «Canciones olvidadas» (III) y «Penúltimos poemas» (IV), que incluyen un desigual número de composiciones, una, en la primera, veinticinco, en la segunda, quince en la tercera y, finalmente, diez en la cuarta. El poema introductorio «Así son» procede de *Bajo tolerancia*. Los que integran «Consideraciones» provienen de *El retorno* («Donde tú no estuvieras», «Cementerio del Sudoeste», «Noche de San Juan», que en la primera edición no llevaba título). De *Salmos al viento* toma «Las visitas». *Claridad* recogió ya «Me cuentan cómo fue», «Con nosotros», «Lola club», «Nocturno de Ávila» y *Algo sucede*, «Pierre, le maquis», «Días de luz», «Noche blanca en Leningrado», que varía el título puesto que en *Algo sucede* aparecía con el de «Noches blancas», y «Nochebuena con Rosa», y finalmente, de *Bajo tolerancia* escoge «Lo peor», «La decisión», «Esos locos furiosos increíbles», «Recordando a Henry Miller», «Los motivos auténticos del caso», «Es el enfermo a veces», «De noche a solas», «Si todo vuelve a comenzar», «En Londres para un cantor de sombras» y «Bécquer en Veruela, julio de 1864». Los únicos textos inéditos incorporados a esta sección son «Del otro lado» y «Sobre la temporada en Barcelona».

En la parte III, «Canciones olvidadas», los textos provienen de *Claridad* («Historia conocida»), *Algo sucede* («Arma de dos filos», «Mala cabeza», «En la calle», composición que allí llevaba el título «El poema difícil» y «Canción del no se va»). De *Bajo tolerancia* se elige «Bolero». Los demás poemas («La berceuse de Julia», «Bárbara», «Falta muy poco tiempo», «Sépalo usted», «Soldado, sí», «Nana de la adúltera», «Non non», «Qué linda es Pepa», «Abril en Portugal») no habían sido publicados antes.

La última parte, «Penúltimos poemas», integrada por diez textos, es inédita, aunque «Escuchad defensores» apareció impreso en el catálogo del pintor Alcoy (octubre de 1974) y «Algo sucede», poema que daba título al sexto libro de Goytisolo, había sido censurado en 1968 y, en consecuencia, prohibido, como ya se advirtió.

Palabras para Julia

Palabras para Julia y otras canciones aparece en Barcelona en 1979, publicado por Laia[91]. En esta entrega reúne José Agustín Goytisolo lo que él considera sus «letras para cantar», espigadas entre su obra anterior desde *El retorno* (1955) a *Del tiempo y del olvido* (1977), de modo que en *Palabras para Julia* se recogen poemas que abarcan hasta entonces toda la etapa creadora del autor, desde principios de los cincuenta hasta finales de los setenta.

El libro se reimprime con rapidez, dos veces en 1980 y otra en 1982, y coincide con la difusión que de algunos poemas, a través de discos y recitales, está ofreciendo el cantante Paco Ibáñez, a quien va dedicado. Ibáñez populariza sobre todo la composición *Palabras para Julia*, que sirve de título a la entrega. Manuel Vázquez Montalbán en el prólogo glosa especialmente este poema, que es, además, el único texto inédito entre todos los antologados.

El poemario se divide en cuatro partes. Cada una de ellas recoge diez textos que proceden de los libros anteriores, aunque la última tiende a reunir canciones que aparecieron por primera vez en *Del tiempo y del olvido* en la sección «Canciones olvidadas». De esos cuarenta poemas tan sólo uno («Como la piel de un fruto») proviene de *El retorno*. A *Claridad* pertenecen el mayor número de textos: «Siete años», «El lobito» (que aparecía con el título de «Cuento»), «Así», «Secreto», «Con nosotros», «Aquellas palabras», «Yo quise», «Historia conocida», «Me cuentan cómo fue», «La palabra» (que llevaba por título «A un amigo»), «Sin saber cómo», «El canto rodado», «Nocturno de Ávila», «Liliana» y «Lola club». De *Algo sucede*, nueve: «Adiós», «Arma de dos filos», «Mala cabeza», «Nadie está solo», «En la calle» (que llevaba el título de «El poema di-

---

[91] En la colección «Laia Literatura», y consta de 72 páginas. Se reimprime en Laia en dos ocasiones más, la última en Laia B en 1982. A partir de 1990 se reedita en Lumen dos veces, en 1992 y 1994; consta con el número 64 de la colección y tiene 74 páginas.

ficil»), «Soledad» (denominado «Como la hiedra»), «Me lo decía mi abuelito» (cuyo título, «Hombre de provecho», también ha sido variado, posiblemente a tenor de la popularización que de sus primeros versos hizo Paco Ibáñez), «A una mujer con cara de cabra» y «Canción del no se va».

Tan sólo cuatro poemas provienen de *Bajo tolerancia*. Se trata de «De noche a solas», «Completamente libre», «Ella dio su voto a Nixon» y «Bolero».

Nueve textos proceden de *Del tiempo y del olvido:* «La berceuse de Julia», «Falta muy poco tiempo», «Sépalo usted», «Soldado, sí», «Más que una palabra», «Abril en Portugal», «Qué linda es Pepa», «Non non» y «Nana de la adúltera».

Aunque la finalidad de *Palabras para Julia* fue sobre todo coyuntural, puesto que aprovecha la difusión que de su poesía hacen a finales de los setenta no sólo Paco Ibáñez, sino también otros cantautores, como Nacha Guevara, Rosa León y Ana Belén, el libro nos proporciona la posibilidad de observar cómo el interés de Goytisolo por un tipo de poesía que a menudo se ajusta a los esquemas de la lírica tradicional y de la canción popular se da a lo largo de su trayectoria.

Los pasos del cazador

La entrega se publica en Barcelona, en 1980, en la editorial Lumen[92]. Dedicada a Rafael Sánchez Ferlosio, el texto se abre con una cita de Gil Vicente: «La caza de amor / es de altanería: / trabajos de día / de noche dolor», que pertenece a la parte final del poemilla:

> Halcón que se vuela
> con garza a porfía.
> cazarla quería
> y no la recela.
> Mas quien no se vela
> de garza guerrera,
> peligros espera.

---

[92] Lleva el número 41 y consta de 123 páginas.

> La caza de amor
> es de altanería;
> trabajos de día,
> de noche dolor.
> Halcón cazador
> con garza tan fiera,
> peligros espera.

y lleva un inusual, por largo, prólogo[93] del propio autor, titulado «En mi memoria y en mi lengua», donde nos ofrece una serie de datos de gran interés. Goytisolo asegura que los poemas que integran *Los pasos del cazador*:

> son el resultado de notas, esbozos de poemas, recuerdos y fantasías de mis primeros años de cazador [...] aunque hayan sido reescritos, corregidos varias veces, seleccionados al fin y ordenados en fecha reciente[94].

De manera que el nuevo libro recoge viejos materiales que, según me asegura el propio Goytisolo, encontró de manera casual, en un altillo de su casa, metidos en una carpeta[95].

El prólogo, además, explica el título en relación con los poemas que se incluyen:

> ensamblados en una serie de secuencias o estaciones que siguen los tiempos y los pasos del cazador durante la temporada cinegética, es decir, desde la codorniz en agosto hasta la veda en marzo[96].

Goytisolo nos ofrece en estas páginas preliminares una reflexión sobre los temas fundamentales del libro, la caza y el amor, a la vez que justifica el acercamiento a la canción tradicional que los poemas recrean. Apenas aparece en las ochenta y cinco composiciones que integran la entrega un

---

[93] Ocupa desde la página 11 a la 21.
[94] Pág. 11.
[95] Conversación del 13 mayo de 1997.
[96] *Los pasos del cazador*, ed. cit., pág. 17.

motivo que no esté relacionado directa o indirectamente con el corpus lírico de carácter tradicional. *Los pasos del cazador* no sólo le conducen a cobrar una pieza, sino que le llevan inevitablemente a la búsqueda de la mujer. Así al menos se establecía en la dialéctica de los sexos, según interpretación de Ortega y Gasset que recuerda Goytisolo[97], aludiendo a que el hombre es cazador y la mujer pieza cobrada.

Los itinerarios y vicisitudes del cazador dan pie a numerosas composiciones; avanzamos, en consecuencia, a través de los días, por diferentes estaciones y contemplamos sus trabajos de caza y de amor. La mujer aparece en casi la mitad de las composiciones del libro, en las que se glosan diversos motivos: el de la muchacha morena, la que lava en el río, la serrana porteadora, la mal maridada o la amante que se lamenta del retorno tardío.

Desde el punto de vista métrico se observa en *Los pasos del cazador* un predominio de la cuarteta hexasílaba seguida de la octosílaba, probablemente porque el autor ha tenido en cuenta las virtudes rítmicas del hexasílabo para su elección. Las cuartetas hexasílabas superan en un 30% a las octosílabas. También se incluye la cuarteta pentasílaba en cuatro composiciones, en tres de ellas acompañadas de estribillo. Las seguidillas, aunque menos abundantes que las cuartetas, constituyen el segundo grupo métrico del libro. Aparecen, además, en *Los pasos del cazador* otros tipos de composiciones: Pareados: pareados octosílabos (II y XVIII), que a veces combinan con estribillos (LXXXIV) y otras con versos quebrados de cuatro sílabas, de la misma rima (XII); pareados eneasílabos, el último cierra con la misma rima aguda (XIII); pareados heptasílabos (XXI); y pareados de irregularidad métrica (LXX) en los que domina el ritmo octosílabo. Canciones paralelísticas (XXV, LIX, LX, LXXIV, LXXXII). Soleares (VII, XXVI, LXII, LII). Menor es el empleo de la sextila, septilla y octavilla. Sólo un poema, el XL, y exclusivamente en la segunda parte, se acerca a la estructura zejelesca: trístico monorrimo seguido de versos que riman con la primera parte.

---

[97] *Vid.* en «En mi memoria y en mi lengua», ed. cit., pág. 20, la referencia de Goytisolo al prólogo de Ortega a *La caza mayor* del conde de Yebes.

Goytisolo emplea la rima asonante en todos los poemas sin excepción, tal como es característico de la lírica de tipo tradicional. Encontramos algún caso de rima aguda (VI y XIII), así como el encadenamiento de rimas, en algunos poemas, pero no de una manera sistemática o mantenida a lo largo de la composición (III, IX). El verso de medida más larga es un decasílabo, usado en el poema LXXIII, y los versos de dos sílabas, que emplea en el poema LXXIX, los de medida más breve.

Todas estas características métricas, además de la reiteración de temas y motivos tradicionales, invitan a observar que este libro de Goytisolo enlaza con las corrientes poéticas popularistas que la generación del 27 ya reivindicó, en parte.

A veces gran amor

A veces gran amor se publica en Barcelona por la editorial Laia[98] en 1981 y se reedita diez años después, en 1991, en Lumen[99] con un prólogo, «Amar con los ojos abiertos» de Horacio Vázquez Rial. En la primera edición abre el texto una «nota editorial» de casi cuatro páginas firmada por Ignasi Riera y un prólogo titulado «Sobre el amor y otras nimiedades» del propio autor, que procede de la transcripción de tres conferencias pronunciadas en la Facultad de Letras de la Universidad de Barcelona en el ciclo «La poesía entre el amor y la muerte» que se desarrolló en el verano de 1978.

Ignasi Riera, en su introducción, explica la génesis del volumen, que surge, según advierte, de una idea suya:

> Se me ocurrió que el contenido de las dos primeras conferencias o al menos algunos fragmentos de ellas merecían ser rápidamente editadas y que de lo dicho en la tercera surgía una antología de la poesía amorosa de Goytisolo. [...] El proceso de edición de esta antología de poemas de amor fue

---

[98] José Agustín Goytisolo, *A veces gran amor*, Barcelona, Laia, 1981.
[99] Lleva el número 66, consta de 105 páginas y contiene el mismo número de poemas e igual distribución que en 1981.

duro: surgía siempre en el último instante un poema inédito que obligaba a recomponer la edición[100].

Por su parte, José Agustín Goytisolo comienza con humor, mezclando ironías y chanzas, su intervención para pasar a detenerse en una panorámica de la historia de la poesía amorosa desde los *Cantos de los arpistas egipcios,* pasando por el *She King, El cantar de los cantares,* los griegos arcaicos, para acabar mencionando tres clásicos árabes: *Las mil y una noches, El collar de la paloma* y *El jardín perfumado*. El autor barcelonés concluye con unas referencias a la poesía anticipadas en el prólogo de *Del tiempo y del olvido:*

> poeta no es aquél que siente o se conmueve [...] sino el que hace sentir o emocionarse a los demás [...] y el poema [...] no se hace con buenas ideas y con sentimientos buenos o malos sino con palabras[101].

A veces gran amor se divide en seis partes, ninguna de las cuales lleva título. Tanto la primera como la última recogen un solo poema, «A veces» y «El buen amor», ambos inéditos.

Las secciones segunda, tercera, cuarta y quinta incluyen quince, veinte, quince y tres poemas, respectivamente. Entre los quince poemas de la segunda parte hay cuatro inéditos, «Tu luz sea leve», «No digas que la menta», «Por rincones de ayer», «Que no faltes»; los once restantes proceden de *Los pasos del cazador,* donde no llevaban título. Se trata de los poemas «El viento en los álamos», «Canción de frontera», «Al trébol, amiga», «La mentirosa», «Desconfiada», «Sin amo», «La dama boba», «Compañera sin nombre», «No necesito desvelo», «Duerme en colchones», «Salió la amapola», que corresponden a los poemas XVIII, XL, LXXXIII, VI, XXIV, XIV, XVII, XXI, L y LXIX.

Los veinte poemas que integran la tercera parte, excepto dos («Escucha abandonada» y «Hazlo ahora»), pertenecen: doce a *Algo sucede,* tres a *Bajo tolerancia,* dos a *Claridad* y uno a *Final de un adiós* —se trata de «Cantando compañera», con algunas variantes.

---

[100] *Ibíd.,* págs. 6-7.
[101] *Ibíd.,* pág. 25.

De *Algo sucede* provienen «Como en la belle époque», «Bilbao Song», «Una historia de amor», «Piazza Sant'Alessandro, 6», «Tú tiemblas», «Escoger la libertad», «Estrictamente personal», «Noches blancas», «Alta fidelidad», «Días de luz», «Quiero ser gato» y «Aporto nuestros síntomas».

A *Bajo tolerancia* pertenecen «Bécquer en Veruela, julio de 1864», «El testigo implacable», «Si todo vuelve a comenzar».

De *Claridad* proceden «Encuentro» y «Como tango».

Entre los quince poemas de la cuarta parte, once vieron la luz en *El retorno* y dos en *Claridad* («Siete años», «El recuerdo»). Otros dos, en cambio, anticipan dos textos de *Final de un adiós* («Aquel reino» y «Rata negra»), que llevarán por título «El campo de arriba» y «Rata ciega». Proceden de *El retorno* los poemas «Mujer de muerte», «Una palabra sola», «Tu nombre de mar», «No en tu casa», «A ella y a ti os pregunto», «Un sitio entre las rosas», «No dejes no», «Las fogatas», «El jardín era sombra», «Tu mirada hacia el fondo», «Cuando todo sucede», que corresponden a los fragmentos XVI, XIV, XV, XII, XIX, XI, XVII, XVIII y XXI.

La sección quinta procede íntegra de *Salmos al viento* y recoge los poemas «La mujer fuerte», «La humedad de las niñas» e «Idilio y marcha nupcial».

Aunque, según las palabras de Ignasi Riera y del propio autor, el tema de estos poemas es el amor, tras examinarlos, puede observarse que en la mayoría de ellos el amor sólo está aludido; deberemos esperar a *La noche le es propicia* para encontrar una obra de Goytisolo centrada en el tema amoroso.

Sobre las circunstancias

El libro[102] ve la luz en 1983, en Barcelona, en la editorial Laia, y posteriormente, en 1990, en Lumen[103], con un prólogo de Ana María Moix titulado «Soliviantar a los infiernos».

---

[102] *Sobre las circunstancias* se publica en la colección «Laia Literatura». La portada es de Raúl O. Pane y consta de 96 páginas.

[103] Con el número 68; consta de 120 páginas.

Contiene las mismas secciones e igual número de poemas que la primera edición, que no llevaba prólogo.

Su título procede de una cita de David Riesman que abre el texto: «La multitud solitaria depende de las circunstancias.» Tanto la primera edición como la de 1990 que Goytisolo considera definitiva, se dividen en seis partes que suman un total de cuarenta y cinco poemas que se distribuyen de distinto modo: seis en la primera parte, siete en la segunda, doce en la tercera, siete en la cuarta, cinco en la quinta y, finalmente, ocho en la sexta. De cuarenta y cinco, diecinueve son inéditos, lo que supone el 42% del poemario. Se trata de «Es necesario», «Sobre los grandes hombres», «Éxitos del magisterio», «Quiero todo eso» y «Lo importante», que pertenecen a la primera parte. La segunda sección recoge «Un oficiante» y «Vida de delincuente», que tampoco habían sido publicados con anterioridad. La tercera incluye doce epigramas que ven la luz por primera vez reunidos en un volumen. Según me asegura el poeta[104], esos epigramas habían sido escritos antes de ser recopilados en el libro y formaban parte de un conjunto vasto y aún inédito, que andando el tiempo, integrará *Cuadernos de El Escorial*. La sexta parte de *Sobre las circunstancias* se cierra con un largo poema, «Show de La Habana», escrito para servir de pie a un cuadro del pintor Antonio Saura, que apareció con anterioridad en una publicación periódica de Cuba.

Las demás composiciones proceden de *Salmos al viento, Algo sucede, Bajo tolerancia, Del tiempo y del olvido* y *Taller de arquitectura*. Y tienen en común un tratamiento irónico o sarcástico. *Salmos al viento* proporciona los cinco textos que integran la parte quinta: «El profeta», «Vida del justo», «El hijo pródigo», «El señalado» y «Apología del libre». De *Algo sucede* proceden dos textos: «El discípulo» y «Requiem aperto para Umberto Eco». A *Bajo tolerancia* pertenecen la mayoría (catorce en total), diseminados a lo largo de cuatro apartados. Se trata de «La decisión», «A Hans Magnus le roban la maleta», «Canción de un escriba egipcio de la sexta dinastía»,

---

[104] Conversación del 13 de mayo de 1984.

«Hacia la autopista», «La sesión», «I am sorry», «El augur y las ratas», «Precisamente entonces», «Petitorio para que dejen regresar un ratito desde el tiempo al arquitecto don Antonio Gaudí», «Recordando a Henry Miller», «Así son», «Salida de la bella horrible Lima», «Esos locos furiosos increíbles» y «Crónica de un asalto». De *Del tiempo y del olvido* proceden «Sobre la temporada en Barcelona» y «Escuchad defensores», y, finalmente, en *Taller de aquitectura* se había publicado «Hágase su voluntad», aunque allí formaba parte de «Sinopsis helicoidal» (fragmento segundo) y, en consecuencia, no llevaba título.

Sobre las circunstancias recoge algunos de los poemas más narrativos de su autor en los que la ironía y el sarcasmo son los rasgos dominantes del tono. Ana María Moix escribe en el prólogo que antecede a la edición de 1990:

> la palabra poética de Goytisolo se revela (y se rebela) con toda su fuerza al abordar diversos asuntos (la preponderancia de los poderosos y la de los pseudoartistas, la estulticia de los ejecutivos del espíritu —el espléndido poema dedicado a la pedagogía—, la grandeza de ciertos «raros», como los poetas de «Así son», los entrañables personajes de «Esos locos furiosos increíbles», el feroz efecto aniquilador y anonadante de lo cotidiano....[105]).

Final de un adiós

Final de un adiós aparece en Barcelona en 1984, en la editorial Lumen[106]. Un extenso prólogo de Emilio Lledó abre la entrega, precedida por dos citas: una de William Butler Yeats, «What else have I to spur me into song?», y otra de Poe, «Quoth the Raven: Nevermore». Lledó, en unas acertadas páginas, glosa la obra anterior de su amigo de juventud, desde *El retorno* a *Final de un adiós*, para detenerse en el estudio de la elegía, elemento común a ambos textos.

---

[105] *Op. cit.*, pág. 11.
[106] El libro lleva el número 48 y consta de 92 páginas, de las que trece pertenecen al prólogo de Lledó.

La entrega consta de treinta y cuatro composiciones que fueron escritas entre 1978 y 1983[107]. Con el último poema de *Final de un adiós* acaba la larga despedida iniciada en *El retorno*. Algunas de las composiciones de este libro sirven de punto de partida de los de *Final de un adiós*, como ocurre con el V, «Dónde tú no estuvieras», que enlaza con el XIX, «Precisamente entonces»; el XVII, «De la mujer que amo», guarda estrecha relación con el XXI, «Cantando compañera», y a su vez da pie al X, «Cita».

De las treinta y cuatro composiciones, treinta y una son inéditas; las otras tres habían aparecido ya en *A veces gran amor*. Se trata de «Cantando compañera», «Aquel reino» y «Rata ciega», que se ordenaron con los números XXI, XXX y XVIII. Dos variarán el título: «Rata negra» se transforma en «Rata ciega» en *Final de un adiós*, y «Aquel reino» pasa a llamarse «El campo de arriba».

El rey mendigo

El libro se publica en Barcelona en 1988 en la editorial Lumen[108], precedido de un prólogo del propio autor titulado «Sobre el escritor, su obra, los lectores y la crítica literaria». Dividido en dos partes simétricas, incluye un total de treinta poemas. Los quince primeros se centran en personajes históricos (Absalón, Demócrito, Sócrates, Rutilio, Lesbia, Marcial, Lucrecio, Justiniano, Alfonso X, Masaccio, La Beltraneja, Alejandra, Ezra Pound, Allende y Alejo Carpentier). En cinco se nos oculta el nombre del protagonista, aunque por sus características biográficas implícitas en el texto sea fácil identificarlo[109]. El resto suele organizarse en torno a la experiencia de un sujeto poético que tiende a reflexionar sobre

---

[107] Conversación del 13 de mayo de 1998.
[108] Aparece en Lumen en la colección «Poesía» con el número 55 en enero de 1988 y consta de 74 páginas.
[109] Es el caso de Sócrates («Jardín en las afueras»), Justiniano («El emperador alza la copa»), Juana la Beltraneja («Hasta pisar el agua»), Ezra Pound («Y todo por la usura») y Allende («Se quedó en el palacio»).

sus circunstancias particulares, casi siempre negativas, ya que la sensación de la decadencia y la proximidad de la muerte son omnipresentes en el libro.

En los poemas dedicados a personajes célebres, que podríamos considerar pequeñas estampas o apuntes de perfiles biográficos, Goytisolo enlaza con los que ya consagrara a diversos autores, como por ejemplo a Bécquer, «Bécquer en Veruela, julio de 1864», o Cernuda, «En Londres para un cantor de sombras», y que aparecían en *Bajo tolerancia*. A menudo, el personaje es sólo un pretexto para una introspección en la que el sujeto poético analiza, por persona interpuesta, su propio estado de ánimo o reflexiona sobre una situación que tampoco le es ajena y de la que se puede extraer una lección moral. De este modo, el protagonista literario puede distanciarse de sus propios sentimientos y sensaciones, lo que le evita caer en el melodramatismo del desposeimiento al que alude ya en el título del libro, *El rey mendigo,* y redunda en la cita que abre el texto: «Era ya viejo el rey, metido en años: / por más que le cubrían de ropajes / él no entraba en calor.» La experiencia de la consumación que otorga la verificación en carne propia de la vejez dota a la voz poética de un tono más que melancólico: desengañado.

La referencia, *El rey mendigo*, proviene de un verso del poema «I am sorry» *(Sobre las circunstancias)* y se vuelve a repetir en el fragmento XXI de *Final de un adiós,* libro con el que éste enlaza por su carácter elegíaco.

La noche le es propicia

Aparece en 1992 en la editorial Lumen[110], dedicado a Pedro Salinas. Lleva un prólogo, «Palabras para José Agustín Goytisolo», de quien esto escribe, y se abre con dos citas de Carlos Barral y Jaime Gil de Biedma que hacen referencia a los disfraces literarios. Consta de treinta y ocho poemas, en los que domina el verso eneasílabo, y alterna los procedi-

---

[110] Con el número 75, y ha sido reeditado tres veces, la última en 1994; consta de 60 páginas.

mientos narrativos que relatan el encuentro de los amantes con el consecuente proceso amoroso y el más lírico y sintético que no cuenta, sólo canta.

Pese a que Goytisolo había tratado hasta la publicación de este libro el tema amoroso en diversos poemas, lo había hecho de una manera casi circunstancial, reuniéndolos en el volumen *A veces gran amor,* título no exento de ironía. En *La noche le es propicia,* en cambio, el amor se erige en el tema principal que recorre todas las composiciones que lo integran. El punto de partida es el encuentro fortuito de un hombre y una mujer que durante una sola noche vivirán una pasión catastrófica. La llegada del alba, como en las albadas provenzales, marcará el final de la noche y, por tanto, la separación de los amantes, que volverán a la mediocridad de sus vidas. Cuando el dominio de la noche acabe, «el aire macilento que está aguardando / detrás de los cristales» lo invadirá todo y cundirá el desencanto del día con la presencia de la tan denostada aurora, por quienes, como Barral, Gil de Biedma o el mismo Goytisolo, aprendieron la lección de Baudelaire. A partir de la despedida que la madrugada impone, los amantes, con su nueva experiencia, se sentirán diferentes. La vivencia amorosa los transforma y les desvela aspectos ignorados: a él, que a partir de ese momento sólo la muerte le es propicia; a ella, que lo importante es la vida.

Goytisolo pretende en este poemario que no hable sólo el amante, sino también la amante, que sea ella quien, contrariamente a lo que suele ocurrir en la poesía amorosa escrita por hombres, se muestre activa. Para ello, el poeta barcelonés decide que la mujer protagonice la acción, elija al compañero de esa noche de amor y le conduzca al ámbito privado de una habitación de hotel, donde acontecen veintitrés de los treinta y ocho poemas. Allí, por los caminos de las palabras («Me gustas cuando hablas», escribe Goytisolo, contraviniendo al «Me gustas cuando callas» del poema XV de *Veinte poemas de amor y una canción desesperada* de Pablo Neruda) y por los del placer, algunas composiciones pueden ser clasificadas de eróticas, el poeta barcelonés va dando entidad a los personajes poéticos, una malcasada no tan joven, frente a un personaje masculino maduro y extraño, que permanece en la penumbra, voluntariamente ensombrecido por el autor, ya que no en vano surge en el primer poema de la sombra a la que vuelve al final del libro.

Novísima oda a Barcelona

Es el único texto poético bilingüe de Goytisolo, propiciado por los juegos olímpicos del 92. Aparece en 1993 en la editorial Lumen[111], con ilustraciones de Josep Guinovart y prólogo de Ramón Masoliver. Está dedicado «A la memoria de Jacint Verdaguer, Joan Maragall, Pere Quart, presentes en esta *Novísima Oda* a nuestra ciudad».

El texto, pese a que puede considerarse un poema unitario, está dividido en media docena de cantos que Goytisolo denomina más prosaicamente capítulos. En cada uno de ellos se desarrolla una parte de la historia de la ciudad, desde el siglo III a.C. hasta la Olimpiada. La oda se abre con la evocación de los tiempos de la colonia romana llamada Barcino, para pasar después, en los cantos segundo y tercero, a la época medieval. En el cuarto, trata de la época de los Austrias; el quinto gira en torno al siglo XIX y las Exposiciones Universales que representan el triunfo de la burguesía fabril. El sexto y último hacen referencia a la época contemporánea y, más concretamente, a la etapa del alcalde Maragall. Cada una de las partes está protagonizada por un personaje que cuenta su situación y se demora en la descripción de hechos y acontecimientos notables. Con intención de defender una actitud tolerante y abogar por el mestizaje, Goytisolo da voz a un tal Petrus Barberanus (canto primero), cristiano, descendiente de legionarios galos transalpinos y casado con una Lavinia hispanorromana, de Gerunda. En el segundo, es un musulmán barcelonés, Hammad Al-Musar, refugiado en Dertosa, quien nos transmite su nostalgia barcelonesa. Un descendiente de los judeo-conversos de Montblanch, llamado Isach Caravida, da noticia de la etapa en que Cataluña extendió su hegemonía por el Mediterráneo hasta la época de su

---

[111] Consta de 78 páginas y lleva el número 78 de la colección.

unión con Castilla, en el tercero. En el cuarto, es un oficial de notario, Andreu Roig, el encargado de relatar los acontecimientos sobresalientes de los siglos XVII y XVIII. En el quinto, Goytisolo introduce a un arquitecto, Joan Manuel Horta y López, que ofrece su punto de vista sobre la ciudad *rica i plena* a principios de siglo, devastada por los bombardeos durante la guerra civil y desastrosamente urbanizada en tiempos de Franco. Finalmente, en el sexto y último canto, un muchacho, Víctor Alexandre, nombre alusivo al único nieto del poeta, y que incluso comparte con el protagonista literario la misma edad, alude a la transición democrática y hace votos para que la ciudad continúe siendo un ámbito plural, tolerante y mestizo.

El ángel verde y otros poemas encontrados

El texto aparece en 1993 en Ediciones Libertarias de Madrid[112], con un prólogo-presentación de Miguel Galanes y edición a cargo de Jordi Villaronga.

Aunque en la portada se asegura que se trata de una edición crítica, no lo es, puesto que por crítica se entiende una edición con el necesario aparato crítico imprescindible que sirva para fijar el texto, aspecto que no se plantea en los poemas de *El ángel verde*. Tanto el editor como el recopilador confunden «crítica» con «comentada», ya que de eso se trata, de una edición con comentarios, de carácter preferentemente anecdótico, a los veintitrés poemas encontrados, por Jordi Villaronga, entre diversos materiales de Goytisolo.

Bastantes de los poemas incluidos habían sido dados a conocer con anterioridad en diversos medios de comunicación, pero no habían sido publicados en libro. Se trata, en general, de composiciones de circunstancias. Muchas son homenajes a escritores, como los dedicados a Cortázar («Julio Cortázar en el observatorio»), Mejía Sánchez («El calor más puro de Ernesto Mejía Sánchez»), Lezama («Posible imagen del entierro de don José Lezama Lima»), Roque Dalton («He de volver»), Carles Riba («Cumplido sueño»), Foix («Al

---

[112] Consta de 106 páginas.

modo de Foix»), Machado («Iré otra vez allí»), León Felipe («La voz y el viento de León Felipe»), a veces escritos para participar en efemérides conmemorativas.

Elegías a Julia Gay

En 1993 en la colección Visor[113] de poesía Goytisolo reúne en un solo volumen *El retorno* y *Final de un adiós,* los dos libros dedicados a la muerte de su madre, de ahí el título, *Elegías a Julia Gay.* Horacio Vázquez Rial se encarga de escribir el prólogo, «Las Elegías a Julia Gay y la universalidad de la poesía de José Agustín Goytisolo», en el que justifica los motivos por los que los dos poemarios se editan juntos y advierte, no obstante, que, en ambos, Goytisolo introduce composiciones que integrarán por separado otros libros suyos, aspecto que le permite considerar a Vázquez Rial que cada uno de los poemas «posee una entidad propia»[114].

La primera parte de las *Elegías a Julia Gay, El retorno,* reproduce la reedición de Lumen de 1986, que para Goytisolo es la definitiva; contiene, por tanto, veintiún poemas con título. La segunda parte, *Final de un adiós,* integra, sin variantes, las treinta y cuatro composiciones recogidas en la primera edición (1984), ahora sin el prólogo de Emilio Lledó que lo precedía.

Tampoco a *El retorno* lo anteceden las páginas que en 1986 escribiera José Luis Aranguren.

Como los trenes de la noche

El libro aparece en 1994, en la editorial Lumen[115]. Lleva un prólogo titulado «Entre dos luces» de Horacio Vázquez Rial y está dedicado «A mis compañeros Carlos Barral y Jaime Gil de Biedma», desaparecidos en 1989, el primero y, en 1990, el segundo. Una cita del *Libro de Job,* 38, 19: «Y las tinieblas, ¿dónde habitan?», lo abre.

---

[113] Lleva el número 298 y consta de 89 páginas.
[114] *Vid.* prólogo, pág. 17.
[115] Con el número 84 y consta de 96 páginas.

Como en otros casos, unos versos de un poema anterior, «El revuelo de tus cabellos», que procede del libro *La noche le es propicia,* dan pie al título:

> un jardín que nunca olvidó
> desde que oía oscuros trenes
> que escapaban hacia la noche.

La inclusión de esa referencia nos induce a sospechar que el autor pretende continuar su anterior entrega, aunque sólo la segunda y última parte, de las cuatro en que se divide el libro, guarda una relación directa con *La noche le es propicia,* y hasta a veces, como ocurre con las composiciones «Dos toallas», «Los muros te protegen», «En todas las ocasiones», «Viento sucio», «Tu canción», incluidas en la segunda parte, parece que han sido construidas con los materiales sobrantes o desechados del poemario precedente, que ahora van a ser recuperados y reciclados, tendencia usual en el poeta barcelonés.

Las otras dos partes tienen que ver también con anteriores obsesiones de la obra de Goytisolo. La primera vuelve a recrear el mundo perdido de la infancia y enlaza con muchos de los poemas de *El retorno* y *Final de un adiós*. Así, por ejemplo, el tercer poema de esta primera parte, «Tierra mojada», guarda relación con el vigésimo de *Final de un adiós*. Del mismo modo, el cuarto, «Aquella flor», encuentra su paralelismo en el undécimo de *El retorno*. En la tercera siguen los ecos de *El retorno* con otras recreaciones más recientes, igualmente elegíacas. Es la elegía lo que presta unidad al libro, integrado por treinta y seis poemas, todos ellos compuestos por versos eneasílabos, con acentuación variable.

Cuadernos de El Escorial

El poemario ve la luz en 1995 en la editorial Lumen[116]. Contiene diez cuadernos de epigramas y reúne un total de ciento veinte composiciones, doce en cada parte.

---

[116] Con el número 88 y consta de 164 páginas.

En un sugerente prólogo, la profesora, crítica y escritora Fanny Rubio, por entonces coordinadora de los Cursos de Humanidades de la Universidad de Verano, dependientes de la Universidad Complutense, cuenta cómo fueron gestándose, precisamente en sucesivos veranos escurialenses, estos epigramas, «susurros afilados» como los llama Rubio en sus páginas introductorias.

Goytisolo ya nos había dado en la tercera parte de *Sobre las circunstancias* (1983) una elocuente muestra, espigada entre manuscritos inéditos que ya entonces, tal como me asegura el poeta[117], tenía intención de publicar.

Los epigramas se construyen con versos alejandrinos y forman cada uno una estrofa única que nunca sobrepasa los cuatro versos.

Sus temas son muy variados. Nada se escapa a la observación punzante del poeta: las relaciones amorosas, los viejos oficios, incluido el del poeta, el mundillo literario, las circunstancias políticas, o las referencias a un sujeto poético a menudo demasiado parecido al autor. Los epigramas no van ordenados temáticamente, al contrario, se entremezclan para que su variedad sea más notable. Marcial, a quien Goytisolo ha leído mucho, Catulo y Juvenal, como apunta la profesora Rubio, son poetas que a veces pueden inspirar al autor:

> Marcial sirve para ser implacable en los retratos de costumbres. De Catulo retoma el tema amoroso. De Juvenal, la sátira propiamente dicha[118].

Las horas quemadas

El poemario aparece en 1996 en la editorial Lumen[119] y, hasta la fecha, es la última contribución de Goytisolo. Contrariamente a las entregas poéticas anteriores, no lleva prólogo ni dedicatoria. Lo encabeza una cita de Eugenio Montale,

---

[117] En conversación del 13 de mayo del 98.
[118] *Op. cit.*, pág. 10.
[119] Con el número 97 y consta de 98 páginas.

poeta admirado por el autor: «En cada vida hay muchas vidas: / no son Memorias. Son imágenes.» Y de eso trata: de glosar imágenes que casi siempre proceden del pasado, de ahí el título, *Las horas quemadas,* evocadas con nostalgia por el sujeto poético que presta unidad al texto.

Las horas quemadas se divide, al igual que *Como los trenes de la noche,* en cuatro partes: I) «Primeras imágenes», II) «El frío de Madrid», III) «La bruma en los cristales», IV) «El rostro que conjura», integradas por diez poemas cada una, lo que suma un total de cuarenta composiciones.

La primera parte se abre con «El verde oscuro», un poema evocador de la niñez barcelonesa del protagonista literario que en este caso coincide con la del autor, centrada en el jardín de la casa familiar, referencia reiterada en textos anteriores desde *El retorno* a *Final de un adiós,* pasando por *Como los trenes de la noche,* y se cierra con el texto que coincide con el título del poemario, recapitulación sobre las distintas imágenes del pasado infantil ya lejano. Los ocho poemas restantes van desde la estampa sobre niñeras, «Conchita era su nombre», o criadas, «Eulalia de puntillas», a situaciones familiares, «La hermana lo recuerda», poema en el que aparecen referencias a su hermana Marta, ausente hasta el momento de los versos de Goytisolo.

La segunda parte se inicia con la evocación de Madrid, donde el sujeto poético coincide con el autor, que estudia allí los dos últimos cursos de la carrera de Derecho. La pensión donde vivió y las experiencias eróticas del muchacho constituyen el tema de las principales composiciones de este grupo.

En la tercera sección se reúnen textos que evocan diversas situaciones sentimentales, políticas, como «Setenta y dos horas», «Montparnasse», o personales, «Equivocó su vida» o «Llega el litio», que sirven para configurar el personaje literario que presta unidad al libro.

Finalmente, en la cuarta y última parte, los poemas trazan la historia de un encuentro amoroso ya lejano («La miró muchas veces») que se ha perpetuado a lo largo de los años a través de la compañía. La última composición («El rostro que conjura») pide que esa compañía se mantenga hasta la hora de la muerte. Frente a los demás amores aludidos en otros poemarios de Goytisolo, el amor de la esposa da pie a esta breve serie.

El tono elegíaco y el lirismo, pese a la narratividad de algunos textos, son los elementos más destacados del libro, en el que dominan eneasílabos y endecasílabos.

Esta edición

La selección de los poemas de esta edición ha sido preparada por José Agustín Goytisolo, que ha optado por ofrecer la última versión de todos y cada uno de los textos que la integran. Las composiciones proceden siempre de la edición más moderna, y eso comporta que, a menudo, impliquen cambios muy importantes con respecto a los primitivos originales. Una edición crítica de la obra del autor barcelonés se hace necesaria para poder tener en cuenta todas esas variantes.

De izquierda a derecha: Jaime Gil de Biedma, Carme Riera, Carlos Barral y José Agustín Goytisolo.

Bibliografía

OBRAS DE J. A. GOYTISOLO

Poesía:

El retorno, Madrid, Rialp, 1955 (col. «Adonais»); reedición en Lumen, 1986.
Salmos al viento, Barcelona, Instituto de Estudios Hispánicos, 1958; reediciones en Lumen, 1980.
Claridad, Valencia, Diputación Provincial de Valencia, 1960; reedición en Lumen, 1986, 1998.
Años decisivos, Barcelona, Colliure, 1961.
Algo sucede, Madrid, Ciencia Nueva, 1968; reedición en Lumen, 1996.
Bajo tolerancia, Barcelona, Llibres de Sinera, Ocnos, 1974; reedición en Lumen, 1977, 1996.
Taller de arquitectura, Barcelona, Lumen, 1977 y 1995.
Del tiempo y del olvido, Barcelona, Lumen, 1977 y 1995.
Palabras para Julia y otras canciones, Barcelona, Laia, 1979; reedición en Lumen, 1994.
Los pasos del cazador, Barcelona, Lumen, 1980.
A veces gran amor, Barcelona, Laia, 1981 y Lumen, 1991.
Sobre las circunstancias, Barcelona, Laia, 1983.
Final de un adiós, Barcelona, Lumen, 1984.
El rey mendigo, Barcelona, Lumen, 1988.
La noche le es propicia, Barcelona, Lumen, 1992.
Novísima oda a Barcelona, Barcelona, Lumen, 1993.
El ángel verde y otros poemas encontrados, Madrid, Libertarias / Prodhufi, 1993.
Elegías a Julia Gay, Madrid, Visor, 1993.
Como los trenes de la noche, Barcelona, Lumen, 1994.
Cuadernos de El Escorial, Barcelona, Lumen, 1994.
Las horas quemadas, Barcelona, Lumen, 1996.

Antologías:

Poesía para estudiantes, selección de María Dolores Fernández Lucio, Madrid, Ediciones Libertarias/Prodhufi, 1996.
Selección personal, acompañada de un compacto, Madrid, Visor, 1997.
Poeta en Barcelona, selección y prólogo de Pere Pena i Jové, Barcelona, El Bardo, Los Libros de la Frontera, 1997.
Palabras para Julia y otros poemas, selección de Ana María Moix, Barcelona, Plaza & Janés, 1997.

Cuentos infantiles:

El lobito bueno, Barcelona, Laia, 1983.
El príncipe malo, Barcelona, Laia, 1983.
La bruja hermosa, Barcelona, Laia, 1984.
El pirata honrado, Barcelona, Laia, 1984.

Traducciones:

CARNER, Josep, *Nabí,* Barcelona, Marca Hispànica y Diputació de Barcelona, 1986.
ESPRIU, Salvador, *La piel de toro,* París, Ruedo Ibérico, 1963.
— *La piel de toro,* Barcelona, Lumen, 1983.
ESSENIN, Sergio, *Poemas de Sergio Essenin,* Santander, Sur, 1967.
FERRATER, Gabriel, *Mujeres y días,* Barcelona, Seix Barral, pág. 79.
MANENT, Marià, *Les acàcies salvatges (Las acacias salvajes),* Barcelona, Marca Hispànica y Diputació de Barcelona, 1986.
NETO, Agosthino, *La lucha continúa,* Barcelona, Laia, pág. 80.
PASOLINI, Pier Paolo, *Mamma Roma,* Barcelona, Seix Barral, 1965.
PAVESE, Cesare, «Seis Poemas», *Papeles de Son Armadans* (Palma de Mallorca), 35 (1-1-1959), pág. 183.
— *Veinte poemas,* Santander, Sur, 1962.
— «Vendrá la muerte y tendrá tus ojos»; «La ramera campesina»; «No conoces los montes»; «Sencillez», *La República* (Caracas) (3-2-1963), pág. 7.
— *Antología poética,* Barcelona, Plaza & Janés, 1985.
QUASIMODO, Salvatore, *Poemas de Salvatore Quasimodo,* Santander, Sur, 1963.

Riba, Carles, *Del joc i del foc (Del juego y del fuego),* Barcelona, Marca Hispànica y Diputació de Barcelona, 1987.
Roselló-Porcel, B., *Toda la poesía,* Barcelona, Marca Hispànica y Diputació de Barcelona, 1987.
Vinyoli, Joan, *Cuarenta poemas,* Barcelona, Lumen, 1990.
— *Alguien me ha llamado,* Barcelona, Marca Hispànica y Diputació de Barcelona, 1987.
VV. AA., *Veintiún poetas para el siglo xxi,* Barcelona, Lumen, 1996.

Estudios sobre la obra de J. A. Goytisolo

Visiones de conjunto:

Anepa, Cecilia, *José Agustín Goytisolo: el lenguaje y el amor* (tesis doctoral), Milán, Istituto Universitario di Lingue Moderne, 1982-1983.
González Rovira, Javier, «La poética de José Agustín Goytisolo», *Turia,* 15 (octubre de 1990), págs. 43-55.
Manau, Juan José y Pena, Pere, «El amor y la identidad poética del personaje en la obra de José Agustín Goytisolo», *Ínsula* (Madrid), 523-524 (julio-agosto de 1990), págs. 62-63.
Pena, Pere, *José Agustín Goytisolo, la poesía, el poeta y la ciudad* (tesis doctoral), Universitat de Lleida, 1997, reproducida en parte en la introducción a *Poeta en Barcelona,* de José Agustín Goytisolo (Barcelona, El Bardo, 1997).
Riera, Carme, *La Escuela de Barcelona, José Agustín Goytisolo, Carlos Barral y Jaime Gil de Biedma, el núcleo poético de las generación del 50* (tesis doctoral), Universitat Autònoma de Barcelona, 1987; reproducida en *La Escuela de Barcelona,* Barcelona, Anagrama, 1988.
— *La obra poética de José Agustín Goytisolo,* Barcelona, Llibres del Mall (Sèrie Ibèrica), 1987.
— «El tema de la poesía en la obra de José Agustín Goytisolo», *Miscelània d'Homenatge a Francesca Massot i Villalonga,* Islas Baleares, Direcció General d'Educació, 1989, págs. 183-198.
— «José Agustín Goytisolo, entre la ironía y la sátira», *Quimera,* número 100 (octubre de 1990), págs. 62-66.
— *Hay veneno y jazmín en tu tinta. Aproximación* a *la poesía de José Agustín Goytisolo,* Barcelona, Anthropos, 1991.
Virallonga, Jorge, *La poesía de José Agustín Goytisolo* (tesis doctoral), Universidad de Barcelona, 1990); reproducida en *José Agustín Goytisolo, vida y obra,* Madrid, Ediciones Libertarias, 1992.

— «De un abrir y cerrar los ojos (Una aproximación a la obra poética de José Agustín Goytisolo)», *Ínsula* (Madrid), 523-524 (julio-agosto de 1990), págs. 60-61.

Estudios específicos:

El retorno

ARANGUREN, José Luis, «Del retorno al adiós: un viaje por la poesía de José Agustín Goytisolo», en *El retorno*, Barcelona, Lumen, 1986.
BADOSA, Enrique, «*El retorno* de José A. Goytisolo», *El Noticiero Universal* (Barcelona) (31-5-1955).
CABALLERO BONALD, José Manuel, «José A. Goytisolo, la poesía como crítica de la vida», *El Espectador* (Bogotá) (9-4-1961).
CASTELLET, José María, «*El retorno*, accésit del Premio Adonais 1954, de José A. Goytisolo», *Revista* (Barcelona) (9-4-1961).
PADORNO, Eugenio, «Dolor o júbilo. *El retorno*», *El Séptimo Día* (Las Palmas de Gran Canaria), 106 (22-6-1969).
RIERA, Carme, «De *El retorno* a *Final de un adiós*, algunas notas sobre la elegía en José A. Goytisolo», *Cuadernos Hispanoamericanos*, 429 (marzo de 1986), págs. 155-167.
VILANOVA, Antonio, «*El retorno* de José A. Goytisolo», *Destino*, 984 (16-6-1956).

Salmos al viento

DORESTE, Ventura, «*Salmos al viento*», *Ínsula* (Madrid), 143 (octubre de 1958), pág. 7.
GIMÉNEZ MARTOS, Luis, «*Salmos al viento*», *Ágora*, 27 (1-1-1959).
GOMIS, Lorenzo, «El mundo será juzgado por la palabra», *El ciervo* (Barcelona), 75 (1-5-1959).
GUTIÉRREZ, Fernando, «De una manera de cantar al viento», *La Prensa* (Barcelona), 5.334 (10-7-1958).
LEY CHARLES, David, «Los celestiales desde su contexto», *Patio de Letras*, I, Universidad de Barcelona, 1982; después reproducido como capítulo del libro *Spanish Poetry Since 1939*, Washington, The Catolic University of America Press, 1962.
LEYVA, A., «*Salmos al viento*», *Acento Cultural* (1-12-1958), pág. 33.
PADRÓN, Justo Jorge, «*Salmos al viento* o el retorno a la sátira», *El Eco de Canarias* (Las Palmas de Gran Canaria) (22-6-1969).

SALA VALLDAURA, Josep M.ª, «El lenguaje de *Salmos al viento* de José Agustín Goytisolo», *Ínsula* (Madrid), 523-524 (julio-agosto de 1990), págs. 65-67.
VILANOVA, Antonio, «*Salmos al viento* de José Agustín Goytisolo», *Destino* (Barcelona), 1.151 (29-8-1959).
VILUMARA, Martín, «Palabras que no se lleva el viento», *Triunfo* (Madrid), 582 (24-11-1973), pág. 73.

Claridad

CABALLERO BONALD, J. M., «José Agustín Goytisolo, la poesía como crítica de la vida», *El Espectador* (Bogotá) (9-4-1961).
MANEGAT, Julio, «*Claridad* de José Agustín Goytisolo», *El Noticiero Universal* (Barcelona) (26-6-1962), pág. 3.

Años decisivos

CABALLERO BONALD, J. M., «Goytisolo: acusación de la realidad», *El Espectador* (Bogotá) (5-11-1961).
FERNÁNDEZ ALMAGRO, M., «Poesía de José Agustín Goytisolo. Tres libros que jalonan un camino», *La Vanguardia Española* (Barcelona) (12-7-1962).
MARSA, Ángel, «Poesía, golpe a golpe», *El Correo Catalán* (Barcelona) (6-5-1962).
MIRÓ, Emilio, «Los *Años decisivos* de José Agustín Goytisolo: *Retorno, Claridad*», *Ínsula* (Madrid), 523-524 (julio-agosto de 1990), págs. 63-65.
PÉREZ MINIK, Domingo, «*Años decisivos*, poesía de José Agustín Goytisolo», *La Tarde* (Las Palmas de Gran Canaria) (5-4-1962).
RODRÍGUEZ ADRADOS, «*Años decisivos* para la poesía de José Agustín Goytisolo», *Cuadernos Hispanoamericanos* (Madrid), 232 (abril de 1969), págs. 236-251.

Algo sucede

COSTA CLAVEL, Javier, «*Algo sucede*», *El Progreso de Lugo* (Lugo) (31-3-1968).
MIRÓ, Emilio, «*Algo sucede*», *Ínsula* (Madrid), 258 (abril de 1968), pág. 5.
PÉREZ MINIK, Domingo, «Realidad y poesía, un arma de dos filos», *El Séptimo Día* (Las Palmas de Gran Canaria), 106 (22-6-1969).

Bajo tolerancia

Díaz Plaja, Guillermo, «*Bajo tolerancia*», *ABC* (Madrid) (28-3-1974), pág. 59.
Jiménez Frontín, J. L., «Tres apuntes sobre poesía», *Tele-Expres* (Barcelona) (13-3-1974).
Jiménez Millán, Antonio, «*Bajo tolerancia:* del sarcasmo a la utopía», *Ínsula* (Madrid), 523-524 (julio-agosto de 1990), págs. 67-69.
Molina Campos, Enrique, «José Agustín Goytisolo», *Jano* (Barcelona), 148 (25-10-1974), pág. 134.
Saladrigas, Robert, «La poesía última de José Agustín Goytisolo», *Destino* (Barcelona), 1.903 (23-3-1974).
Vázquez Montalbán, M., «El retorno de José Agustín Goytisolo», *Triunfo* (Madrid), 596 (2-3-1974).

Del tiempo y del olvido

Barral, Carlos, «La astucia literaria», *Cuadernos para el Diálogo* (Madrid), 49 (3-7-1977), pág. 52.
Castroviejo, Concha, «Como las amapolas del desierto», *Hoja del Lunes* (Madrid) (27-3-1978).
Marco, Joaquín, «La poesía última de José Agustín Goytisolo», *La Vanguardia Española* (Barcelona) (14-7-1977).
Moix, Ana María, «José Agustín Goytisolo, poeta furtivo», *El Noticiero Universal* (Barcelona) (22-9-1980).

Taller de arquitectura

Barral, Carlos, «La astucia literaria», *Cuadernos para el Diálogo* (Madrid), 49 (30-7-1977), pág. 52.
Carandell, José M.ª, «Poemas de la ciudad», *Tele-Expres* (Barcelona) (11-5-1977), pág. 13.
Castroviejo, Concha, «Como las amapolas del desierto», *Hoja del Lunes* (Madrid) (27-3-1978).
Marco, Joaquín, «La poesía última de José Agustín Goytisolo», *La Vanguardia Española* (Barcelona) (14-7-1977).
Mingote, Eugenio, «Raíces poéticas para una ecología profunda. *Taller de Arquitectura* de José Agustín Goytisolo», *Vida Nueva* (Madrid) (27-8-1977).
Moix, Ana M.ª, «José Agustín Goytisolo, poeta furtivo», *El Noticiero Universal* (Barcelona) (22-9-1980).

SANTOS, Dámaso, «Nuevo libro de José Agustín Goytisolo», *Sur/Oeste* (Sevilla) (10-4-1977).
— «Poesía y arquitectura en José Agustín Goytisolo», *Pueblo* (Madrid) (1-6-1977).
VILUMARA, Martín, «Comprender el mundo», *La Vanguardia Española* (Barcelona) (2-6-1977), pág. 50.

Palabras para Julia

ALESSANCO, María, «Las palabras y los pasos», *La Vanguardia* (Barcelona) (4-7-1980).
GRANDE, Antón, *«Palabras para Julia»*, *Lugo* (diario) (12-5-1980).
MARCO, Joaquín, «La poesía última de José Agustín Goytisolo», *La Vanguardia* (Barcelona) (25-9-1980), pág. 39.

Los pasos del cazador

ALZUETA, Miguel, «La ética caza de José Agustín Goytisolo», *El viejo topo* (Madrid), 50 (1-11-1981), pág. 63.
CARANDELL, José M.ª, «José Agustín Goytisolo, cazador», *La Vanguardia* (Barcelona) (2-10-1980).
GARCÍA MATEOS, Ramón, «Salamanca en *Los pasos del cazador* de José Agustín Goytisolo», *Revista de Folklore* (Valladolid), 28 (1983), pág. 131.
LAMET, Pedro Miguel, «Cazar para ser libre. *Los pasos del cazador*», *Reseña* (Madrid), 128 (1-9-1980), pág. 2.
MARCO, Joaquín, «La poesía última de José Agustín Goytisolo», *La Vanguardia* (Barcelona) (22-9-1980), pág. 39.
MOIX, Ana M.ª, «José Agustín Goytisolo, poeta furtivo», *El Noticiero Universal* (Barcelona) (22-9-1980).
PASTOR, Miguel Ángel, *«Los pasos del cazador* de José Agustín Goytisolo», *El Norte de Castilla* (Valladolid) (6-8-1980).
RODÓN, Francesc, «La poesía viva de José Agustín Goytisolo», *El Correo Catalán* (Barcelona) (26-10-1980).
RUBIO, Fanny, «Cantar y cazar en los pasos de José Agustín Goytisolo», *El País* (Madrid) (10-8-1980).

A veces gran amor

POZANCO, Víctor, «José Agustín Goytisolo: *A veces gran amor*», *Revista de Occidente* (Madrid), 9 (1-1-1981), pág. 153.

Rodón, Francesc, «Goytisolo, el amor y la nostalgia», *El Correo Catalán* (Tarragona) (21-6-1981).
Vázquez Rial, Horacio, «A veces gran olvido», *Camp de l'Arpa* (Barcelona), 93-94 (1-11-1981), pág. 57.

Final de un adiós

Arnaiz, Joaquín, «A la búsqueda de la lírica», *Diario 16* (Madrid) (16-9-1984).
Lledó, Emilio, «El territorio de la poesía: consideraciones sugeridas por la lectura de *Final de un adiós*», prólogo a *Final de un adiós*, Barcelona, Lumen, 1984, págs. 7-20.

El rey mendigo

Marco, Joaquín, «*El rey mendigo*», *ABCD* (Madrid) (26-3-1988), pág. 12.
— «Un libro excelente», *El Periódico*, (Barcelona) (30-4-1988).
Vázquez Rial, Horacio, «J. A. Goytisolo: el arte de la duda», *La Vanguardia* (Barcelona) (7-4-1988), pág. 46.
Vivas, Ángel, «José A. Goytisolo, con el viento a contracorriente», *Época* (Madrid), 162 (18-4-1988).

La noche le es propicia

García de la Concha, Víctor, «La noche le es propicia» *ABC Cultural* (Madrid) (9-10-1992).
García Martín, José Luis, «Un hombre y una mujer», *La nueva España* (Oviedo) (17-5-1992).
García Posada, Miguel, «Amor, historia y naturaleza», *El País*, (Madrid) (19-9-1992).
Riera, Carme, «Palabras para José Agustín Goytisolo», prólogo a *La noche le es propicia*, Barcelona, Lumen, 1992.
Vázquez Rial, Horacio, «La otra mirada amorosa», *El Observador*, (Barcelona) (22-10-1992).

Novísima oda a Barcelona

Espada, Arcadi, «J. A. G. celebra el mestizaje», *El País* (Madrid) (18-1-1992).

VIDAL-FOLCH, Ignacio, «La oda y los comisarios», *La Vanguardia* (Barcelona) (11-7-1993).
VIRALLONGA, Jordi, «Historia lírica de Barcelona», *Avui* (Barcelona) (17-10-1993).

Elegías a Julia Gay

VÁZQUEZ RIAL, Horacio, «Las *Elegías a Julia Gay* y la universalidad de la poesía de José Agustín Goytisolo», prólogo a *Elegías a Julia Gay,* Madrid, Visor, 1993.

Como los trenes de la noche

GARCÍA DE LA CONCHA, Víctor, «Como los trenes de 1a noche», *ABC Cultural* (Madrid) (7-5-1995).
BONET, Laureano, «Los cuchillos del tiempo», *La Vanguardia* (Barcelona) (9-2-1996).
DE VILLENA, Luis Antonio, «La meditación y el buen coraje», *El Mundo* (Madrid) (20-5-1995).

Cuadernos de El Escorial

ARANDA, Quim, «Que se olviden de mí, pero que recuerden mis poemas», *El Mundo* (Madrid), (15-1-1996).
BONET, Laureano, «Los cuchillos del tiempo», *La Vanguardia* (Barcelona) (9-2-1996).
DE VILLENA, Luis Antonio, «J. A. en la turbamulta», *El Mundo* (Madrid) (28-1-1996).
GARCÍA DE LA CONCHA, Víctor, «Cuadernos de El Escorial», *ABC Cultural* (Madrid) (26-1-1996).
MONTAGUT, Cinta, «Cuadernos de El Escorial / Como los trenes», *Quimera* (Barcelona), pág. 72.

Las horas quemadas

GARCÍA DE LA CONCHA, Víctor, «Las horas quemadas», *ABC Cultural* (Madrid) (16-5-1997).
VIDAL, Pau, «Las memorias mienten, los versos, no», *El País* (Madrid) (28-2-1997).
VIDAL-FOLCH, Ignacio, «Goytisolo convierte las horas quemadas de su vida en versos», *La Vanguardia* (Barcelona) (27-2-1997).

El retorno (1955/1986)

I. SOBRE VOSOTRAS AVES

Sobre vosotras aves
de las regiones infinitas
busqué un espacio para tanta muerte.

Sobre vosotros vegetales altos
de la orilla del aire
pedí un reposo para tanta muerte.

Sobre vosotras madres de la lluvia
tempestades de amor contra los cielos
lloré en silencio sobre tanta muerte.

IV. SALUD, ABANDONADOS

¡Ah los abandonados!
Como casas tenéis como lugares
para ocupar vosotros
intangibles.

Es fácil olvidar que sois distintos
colocados así
              que no hacéis uso
de las pequeñas puertas
que en vuestras últimas habitaciones
no hay un lecho caliente
ni un vaso de cristal
esperando el contacto de unos labios.

Carne barro o ceniza
seguís en vuestra muerte.
¡Salud abandonados!

V. CERCADA POR LA VIDA

Donde tú no estuvieras
como en este recinto cercada por la vida
en cualquier paradero conocido o distante
leería tu nombre.

Aquí cuando empezaste a vivir para el mármol
cuando se abrió a la sombra
tu cuerpo desgarrado
pusieron una fecha: diecisiete de marzo.
Y suspiraron tranquilos y rezaron por ti.
Te concluyeron.

Alrededor de ti de lo que fuiste
en pozos similares y en funestos estantes
otros —sal o ceniza— contornean tus límites.

Lo miro todo lo palpo todo:
hierros urnas altares
una antigua vasija retratos carcomidos
por la lluvia
citas sagradas nombres
anillos de latón sucias coronas horribles
poesías...

Quiero ser familiar con todo esto.

Pero tu nombre sigue aquí
tu ausencia y tu recuerdo
siguen aquí.
       ¡Aquí!
                      Donde tú no estarías

si una hermosa mañana con música de flores
los dioses no te hubiesen olvidado.

VIII. EL SILENCIO PROFANADO

Lo que mis maldiciones valgan
es difícil saberlo. No espero
mucho de ellas.

Pero aun así es hermoso alzar los labios
—oliendo a vino triste—
y pronunciar las frases del ritual
blasfemo.

                Hay algo
queda algo acogedor en el silencio profanado:
un pequeño latido una voz
que comprende y comunica
su alegría a la sangre.

X. COMO LA PIEL DE UN FRUTO

Como la piel de un fruto suave
a la amenaza de los dientes
iluminada alegre casi
ibas camino de la muerte.

La vida estaba en todas partes:
en tu cabello sobre el césped
sobre la tierra que te ansiaba
sobre los chopos y en tu frente.

Todo pasó tal un verano
sobre tu carne pura y breve.
¡Como la piel de un fruto eras
tan olorosa y atrayente!

XIV. UNA PALABRA SOLA

Desde tu marcha nada cambió.

A veces parecía
que estuvieras sentada entre nosotros.
No entendimos entonces el regalo
total de tu presencia: ver
escuchar una palabra sola.

Y estábamos callados girando
en el dolor en el sencillo y cotidiano
recordarte entre el pan y los manteles.

XVI. MUJER DE MUERTE

Lo que tú hubieras sido
ha quedado en el aire
perdido para el tiempo.

Las cosas que no hiciste las canciones
que nunca cantarás
                        los días nuevos
que te correspondían
                        los deseos
la rueda de las voces abiertas en tu oído
toda tu larga sombra proyectada al futuro.

Porque escucho el sonido falso de mi moneda
al chocar contra el mármol
de tu terrible ausencia
te amo mujer de muerte.

¡Ah lo que hubieras sido!

XVII. NO DEJES NO

De la mujer que amo he aprendido
la canción del silencio. Ahora sé
lo que tú me decías sin palabras.

Tacto febril amor cuando en las noches
conversas con mi piel cuando apareces
brotando entre los cuerpos cotidianos
deshaciéndote en golpes
no dejes no que las primeras luces
empañen mi contorno
que la palabra rompa este momento
de comprensión total.

Tacto feliz
prosigue
te esperaba.

XVIII. EL JARDÍN ERA SOMBRA

Yo recuerdo tus ojos
cuando hablabas del aire
porque el cielo venteaba en tus pupilas.

Yo recuerdo tus manos —hace frío—
arropándome al lecho como copos
de nieve enamorada.

La luz era contigo
más clara
la alegría en tu boca era tu boca
y el jardín era sombra porque cuando decías
jugad en el jardín
nos cubrías de un tenue perfume de enramada.

XIX. LAS FOGATAS

Alguna noche —las fogatas eran
de dolor o de júbilo—
la casa te veía desertar.

Te abrías a una vida
distinta a un mundo
alegre como los ojos de un dios:
voces mayores fuegos de artificio
inacabable noche de San Juan
en la estancia vacía...

El tiempo se agrandaba en los rincones
se detenía en torno al corazón
mientras el estruendo proseguía
lejos lejos quién sabe si real.

Después todo más claro:
los sonidos pequeños el crujido de un mueble
la lluvia en el desván.

Nueva vida a las cosas el alba aparecía
y tú llegabas
amorosamente.

XX. TU MIRADA HACIA EL FONDO

Ni a ti ni a mí nos consultaron
antes de todo. Me mirabas.
En tus ojos había una pregunta
atravesándome
una pregunta dirigida al fondo
de la cuestión
                más allá de mis huesos.

¿Qué qué qué? Como un eco repito
tus miradas
como una pared prolongo tus golpes
en la puerta.

En el odio en el sueño en la alegría
en el abrazo del amor —¿qué qué?—
a través de mi cuerpo
tu mirada hacia el fondo se mantiene.

Salmos al viento (1958/1980)

LOS CELESTIALES

> *No todo el que dice: Señor, Señor,
> entrará en el reino...*
>
> (Mat., 7, 21)

Después y por encima de la pared caída
de los vidrios caídos de la puerta arrasada
cuando se alejó el eco de las detonaciones
y el humo y sus olores abandonaron la ciudad
después cuando el orgullo se refugió en las cuevas
mordiéndose los puños para no decir nada
arriba en los paseos en las calles con ruina
que el sol acariciaba con sus manos de amigo
asomaron los poetas gente de orden por supuesto.

Es la hora dijeron de cantar los asuntos
maravillosamente insustanciales es decir
el momento de olvidarnos de todo lo ocurrido
y componer hermosos versos vacíos sí pero sonoros
melodiosos como el laúd
que adormezcan que transfiguren
que apacigüen los ánimos ¡qué barbaridad!

Ante tan sabia solución
se reunieron pues los poetas y en la asamblea
de un café a votación sin más preámbulo
fue Garcilaso desenterrado llevado en andas paseado
como reliquia por las aldeas y revistas
y entronizado en la capital. El verso melodioso

la palabra feliz todos los restos
fueron comida suculenta festín de la comunidad.

Y el viento fue condecorado y se habló
de marineros de lluvia de azahares
y una vez más la soledad y el campo como antaño
y el cauce tembloroso de los ríos
y todas las grandes maravillas
fueron en suma convocadas.

Esto duró algún tiempo hasta que poco
a poco las reservas se fueron agotando.
Los poetas rendidos de cansancio se dedicaron
a lanzarse sonetos mutuamente
de mesa a mesa en el café. Y un día
entre el fragor de los poemas alguien dijo: Escuchad
fuera las cosas no han cambiado nosotros
hemos hecho una meritoria labor pero no basta.
Los trinos y el aroma de nuestras elegías
no han calmado las iras el azote de Dios.

De las mesas creció un murmullo
rumoroso como el océano y los poetas exclamaron:
Es cierto es cierto olvidamos a Dios somos
ciegos mortales perros heridos por su fuerza
por su justicia cantémosle ya.

Y así el buen Dios sustituyó
al viejo padre Garcilaso y fue llamado
dulce tirano amigo mesías
lejanísimo sátrapa fiel amante guerrillero
gran parido asidero de mi sangre y los Oh Tú
y los Señor Señor se elevaron altísimos empujados
por los golpes de pecho en el papel
por el dolor de tantos corazones valientes.

Y así perduran en la actualidad.

Ésta es la historia caballeros
de los poetas celestiales historia clara

y verdadera y cuyo ejemplo no han seguido
los poetas locos que perdidos
en el tumulto callejero cantan al hombre
satirizan o aman el reino de los hombres
tan pasajero tan falaz y en su locura
lanzan gritos pidiendo paz pidiendo patria
pidiendo aire verdadero.

APOLOGÍA DEL LIBRE

... es más fácil que un camello...

(MAT., 19, 24)

¡Grande y poderoso eres oh prócer
oh singular prestigio nuevo Creso!
A tu presencia tiemblan las paredes
los empleados el papel los números.

Nadie como tú maravilloso germen
de la opulencia y de la gran industria
con tu cartera con tu hermosa calva
rodeada de planetas y aureolas
con el pulcro chaleco abotonado
sobre tu inmenso abdomen nadie
nadie como tú flor nueva
tulipán de oro.

De entre todos te alzaste como un monte
de lava sobre el páramo en asombro
de chispas y clamor y ahora
dominas desde lo alto de tus cumbres
las diminutas vidas que te observan.

Es al amor al creador de toda
la belleza que existe al supremo maestro
al que hay que preguntar qué sucedió

qué ventura qué grande maravilla
apercibió en tu frente para darte
con su soplo en mitad de la pechera

y hacerte el libre el rey el financiero.
A ti solo entre miles
entre miles y miles y millones.

Porque la libertad está en tu firma
porque tu reino sí que es de este mundo
porque nada te puede ser negado eres
el prototipo el hombre insigne
para el que se han dictado las leyes y los cánones
la caridad y el premio.

     Elegido elegido
mantén tu fortaleza no des oído
a los lamentos y a las maldiciones
sigue triunfa en tu reino pues que el mundo
se hizo sin duda para ser asiento
le posaderas recias y bursátiles como las tienes tú.

LAS VISITAS

Pasa una generación, y viene otra,
pero la tierra es siempre la misma.

(ECLES., 1, 4)

En el pasillo con alfombras en el salón
en la antecámara los cuadros
y los relojes se han parado y el murmullo
de los amigos y parientes y la total
expectación aguardan piden adivinan
el momento que se ha de realizar
—mas que semeja ya vivido—
cuando el doctor asome y diga dando
a su voz grave entonación: Señores

todo ha concluido se ha hecho
lo imposible pero la muerte
no perdona. Descanse en paz.

Entonces todos guardarán
un estudiado y gran silencio
desfilarán pausadamente a echar
la última ojeada y luego adiós
lo siento créame hasta la próxima
se irán a casa que hace frío.

Y hasta el momento del entierro
la servidumbre y familiares
irán turnándose a la vela
del fallecido personaje
bebiendo ponches y café y alguno
tal vez llorando sin consuelo
desaliñada y mansamente.

Luego a la hora anunciada
volverán las visitas a la casa y
llegarán flores telegramas hombres
con cuerdas y martillos y a la puerta
relincharán los clásicos caballos
y el vecindario atento y comedido
aguardará el instante cumbre la gran jugada
el descenso brutal y aterrador.

Entonces se iniciarán los cantos ancestrales
entonados con voz grave y según ritual
acomodado a la tarifa mientras la extraña caja
será depositada en el furgón. ¡Oh gritos
llanto! Los cascos resonarán de nuevo
y lentamente la comitiva seguirá.

Pero hasta ese momento las visitas
permanecen alerta guardan turno
y esperan en el pasillo con alfombras
en el salón y en la antecámara

que ocurra todo esto. De sus pechos
desborda la ansiedad el ciclo de la vida
exige la noticia y las visitas saben
que son ellas heraldos de lo efímero.

IDILIO Y MARCHA NUPCIAL

*Y vi que todo era vanidad
y apacentarse de viento.*

(ECL., 2, 11)

I

Mirad a los amantes vedlos
en la apacible umbría del jardín.
Entre el susurro como un vuelo de plumas
gemebundas entre el ir y venir
de nobles pensamientos
se palpa la presencia del amor
de su severo y principal mandato.

Los amantes se aman señoras y señores
con seriedad canónica. Ahora
queda muy lejos todo aquello
del arrebato pasional oh fruto
nefasto de poetas licenciosos
de un mal llamado Renacimiento
histórica y humanamente despreciable!

El camino del hombre está marcado
por leyes sempiternas y además
la autoridad ha establecido claras normas
para estos menesteres. Los amantes
deben acomodarse al juicio exacto
a la moral more geométrico demonstrata

a los capítulos al fin primordial
al uso y no al abuso res pudendae.

Éstos son los preceptos éstas son
las razones. Los amantes prosiguen
su trabajoso amarse y se aman observadlo
día tras día hasta la culminación
de este proceso necesario. Pues ahora
en la etapa preparatoria de las nuptiae
es cuando deben sentarse los cimientos
de este gran edificio cual es
como todos sabemos la familia.

II

Pero vedlos más tarde. Ya llegaron
a la meta propuesta. Es el gran día
Todo se dijo todo está cumplido.
Avanzan los amantes mientras

los familiares se voltean y el tumulto
de los curiosos y las flores y todo
está pagado y ella puso el armario
y la vitrina y él luce buen talante
papel seguro inteligencia activa

y la música suena retumba
crece hasta el cielo ya estarán los pollos
asándose en el Ritz ya se ilumina
la cara de la novia llantos hipo

la música la música ya llegan
hay un chaqué alquilado sonríen las amigas
todo está dicho qué calor y sigue
la Gran Marcha Nupcial enorme
viva que ya no cesará en los corazones
de los dulces amantes que sabedlo

seguirán no hay duda para siempre
amándose y amándose sin término.

EL SEÑALADO

> *Éste es el que algún tiempo tomamos*
> *a risa, y fue objeto de nuestro escarnio...*

(Sab., 5, 3)

Solo entre el odio entre la palpitante y masculina
hostilidad él permanece y son sus días
continuo sobresalto huida y evangelio.

El señalado está y no está con todos
estudia come igual que los demás
se fatiga y enferma. Pero luego
conoce y ve las cosas de forma diferente
vela en las noches acomete y ama.

Su corazón valiente no conoce derrota.

Él sabe por ejemplo que detrás de los ojos
queda un espacio negro donde los sueños reinan
o que el zángano muere salvajemente herido
por las obreras forma impura y bestial
aunque no despreciable.

                    Son sus estudios:
la investigación del clavel los poetas celestiales
el oscuro murmullo de la ropa interior
y todas las facetas de la cultura griega.

Frecuenta los lugares de erudición: reuniones
bibliotecas mingitorios. Su voz se escucha
en los parlamentos y en los templos
en las tabernas y en los amueblados.

Su actuación sus afanes son variables. Se le ve un día
diciendo democracia democracia
libertad a las gentes y otras veces
salir de entre las turbas agitando
la terrible bandera de pliegues carcamales
reclamando Unidad Familia y Orden.

Pero sus ideales permanecen purísimos.

La vida es muy compleja suceden muchas cosas
y es mejor aguardar el momento oportuno.
Mientras tanto aún se puede orinar la muralla
de siglos y costumbres a la luz de la luna.

El señalado sabe que el futuro es su imperio.

LA HUMEDAD DE LAS NIÑAS

*Acerca de las vírgenes, no tengo
precepto del Señor...*

(COR., 7, 25)

Es una cosa triste la gente no lo sabe.
Es un lametón ciego una mano sudada
un agujero blanco tal un traje de muerta
que aparece de pronto saltando por las casas
por las calles por todo. Es una cosa enorme.

Las niñas palidecen al llegar el otoño.
Palidecen y tiemblan y atrás queda el verano
las risas las canciones
y alguna cinta roja partida y olvidada.

Las niñas están quietas solas y quietas. Frías.
Y se ponen mojadas.
Se van poniendo flacas y mojadas por dentro
mientras que todo el mundo comenta y reacciona.

El invierno está cerca se dice de continuo
se preparan abrigos se proyectan estufas
y las bellas parejas contra el amor del fuego
dicen... ¡ay dios quién sabe se dicen tantas cosas!

Porque el mundo camina gira canta rodea
las estaciones tiemblan delante de los trenes
surgen y cesan vientos se extienden las noticias
los ministros prosiguen su inodora tarea
y hay en ciertos lugares murmullos y oraciones.

Pero a pesar de todo
a pesar de las voces que anuncian buenas nuevas
a pesar de la risa que tienen los mayores
a pesar del abrazo de la gloria de un beso
y del fuego cumplido que deshace la escarcha
las niñas tienen frío palidecen las pobres
y están tristes pues saben que por todo el invierno
se irán poniendo feas y frías y mojadas.

EL HIJO PRÓDIGO

> *Pronto, traed la túnica más rica y vestíd-*
> *sela, poned un anillo en su mano y unas*
> *sandalias en sus pies, y traed un becerro*
> *bien cebado, y matadle, y comamos y ale-*
> *grémonos...*

(Luc., 15, 22)

Injustamente combatido
puesto al escarnio y a la mofa
de las abyectas muchedumbres
perdura el hijo bien nacido
el hijo fiel el niño blanco
el sano fruto de un sector
muy vigoroso y nacional.

Nace el infante mencionado
sin conocer el barro impuro
de las miserias y pasiones
y envuelto en gasas y perfume
entre lamento y bendición
es enrolado en el asunto.

Desde su más remota edad
con calcetines y sombrero
aprende canta lee poemas
en reuniones familiares
crece es odiado por los hijos
de los paisanos manuales
y en venerable institución
por castos hombres controlada
tiene lugar entre laureles
su formación docta y moral.

Ahí le tenéis hecho un mancebo
rampante y lleno de fervor
que salto a salto acompañado
por los consejos del papá
llega a la puerta de los claustros
sube a las aulas da propina
a los bedeles serviciales
y ataca el duro escalafón.

Sucede ahora muchas veces
que ante la cruel realidad
de este mundano trampolín
en donde el orden no es guardado
en donde no hay categorías
ni hay apellido y las creencias
y una conducta irreprochable
de poco sirven por desgracia
sucede ¡ay dios! que el jovencito
se desorienta se transforma
y de momento no recuerda
su primorosa formación.

Los enemigos solapados
de cualesquiera tradiciones
los resentidos sucias lenguas
que se deleitan en la hiel
hacen comida y mentidero
de estos deslices. Hoy le han visto
con hombres malos se murmura
que es habitual de los tugurios
que tiene tratos infamantes
o que frecuenta el cabaret.

Pero en el fondo no alarmarse
late la flor de los principios
vive el consejo maternal
alienta la única verdad
y reposadas ya las aguas
de su ardorosa juventud
cuando se imponga a sus ideas
la incuestionable realidad
volverá el hijo por los cauces
eternos de la burguesía
será un varón conservador
gloria y ejemplo del redil
un recto un probo ciudadano
un elefante de piedad.

LA MUJER FUERTE

> *¿Quién la hallará? Vale mucho más*
> *que las perlas.*
>
> (Prov., 31, 10)

Francisca hermosa anciana
regresa al dulce hogar
con alegría y esperanza.

Su afanoso corazón digno
de épocas mejores —¡oh el Medioevo

con su respeto por las nobles instituciones!—
salta un paso otro paso
arriba hacia el acogedor refugio de las chicas.

(¿Quién cantará algún día con profundas
palabras quién quién será el poeta
de los hechos cotidianos y anónimos y los encumbrará
desde su pequeñez a los más altos vuelos?)

Todavía es temprano. Nadie ni los primeros
adelantados del amor esos
que se delatan por sus pasos furtivos
nadie ha turbado el fresco reír de esta morada
de la que salen dardos dirigidos al pecho
de los aburrimientos conyugales.

Después de una breve inspección y de las eternas
preguntas del ritual familiar cómo estáis
qué tal va Francisca La Señora

La Encargada La Reina De La Casa brinca tantea
recorre con celo y amor las dependencias
y ultima todos los detalles
que alegran luego el corazón de los humildes.

Ni un punto al reposo por sus manos benditas
pasan largas telas inacabable cortejo
de toallas pequeños lienzos llaves
mientras que de su boca iluminada
brota un canto glorioso y combativo.

¡Ah Francisca Francisca vieja en tu afán
como la llama del más noble templo!

Aguardas sin fatiga tan grande es la impaciencia
a que el reloj se incline y sea la hora
en que se cumplen todos los deseos:
esa hora dilatada que envolviendo el amor
de tu recinto lo eleva lo difunde

y hace que en la nocturna ciudad brille la Casa
como una flor de fuego como un grito
como una estrella salvadora.

VIDA DEL JUSTO

> *Vivirá mientras perdure el sol, mientras permanezca la luna, de generación en generación.*
>
> (Sal., 72, 5)

Sucedió que el hombre llamado Claudio
caminaba sudoroso las calles llevando
un pío libro y un solo pensamiento.
La cita había dado resultado y los proyectos
acariciados en las largas noches
pensando en el oscuro corredor
con un diván al fondo y además
con lavabos y faldas descendiendo
y un roce húmedo y todo
lo que sigue se cumplieron en parte
buenamente es decir que ocurrió y salvo imprevistos
volvería a ocurrir. Victoria triunfo.

Aves todas del cielo bendecid al Señor
cantadle y alabadle por los siglos.

Avanza avanza se detiene salta
sube escaleras vuela y ha llegado
al culto y honorable Centro de Información
a su despacho a su vitral glorioso.
¡Buenos días don Claudio! Buenos días.
Todo en orden aquí si bien es cierto
que muy distinto al de la habitación
donde la muchachita permanece
gimoteando por todo lo ocurrido
o quizás por placer o de amor puro
no consagrado empero no establecido
bajo las normas habituales.

Luz y tinieblas bendecid al Señor
cantadle y alabadle por los siglos.

Bien de acuerdo de acuerdo. Despachemos
ahora los asuntos. Denegada
la autorización para morir de frío. Que salga
en primera página. Señorita pronto
artículo sobre nuestra adhesión
a todo lo que signifique algo establecido:
Nosotros los de siempre la ventura lograda
los heroicos etcétera. Ya sabe final conmovedor.
(También ésta sería buen asunto tan limpia
tan cabal con sus rodillas como frutos. Pero
no no aquí el prestigio qué locura
todo ha de estar en orden.)

Montes y collados bendecid al Señor
cantadle y alabadle por los siglos.

Todo en orden en efecto debía
estar todo en orden. Todo. Hasta lo más mínimo.
La conciencia también. Por eso el hombre
llamado Claudio irá sin más tardar mañana
o pasado tal vez ante el que está encargado
de reparar y blanquear conciencias
y todo estará listo y vendrá el sueño consolador.
Ya se sabe es el orden de las cosas morales
costumbre honesta por demás: alzarse
caer de nuevo volverse a levantar...
Y la otra allí mientras el hombre piensa
caerse levantada lavarse van cubriendo
su cuerpo los vestidos y ya no llora sino
contempla con alegría los billetes suaves.
Y canta. Oh sí milagro canta!

Cantad cantad hijos de los hombres bendecid al Señor
cantadle y alabadle por los siglos.

AUTOBIOGRAFÍA

> *Fui un mísero afligido desde mi mocedad, siempre lleno de espanto, lleno de tristeza...*
>
> (SALM., 88, 16)

Cuando yo era pequeño
estaba siempre triste
y mi padre decía
mirándome y moviendo
la cabeza: hijo mío
no sirves para nada.

Después me fui al colegio
con pan y con adioses
pero me acompañaba
la tristeza. El maestro
graznó: pequeño niño
no sirves para nada.

Vino luego la guerra
la muerte —yo la vi—
y cuando hubo pasado
y todos la olvidaron
yo triste seguí oyendo:
no sirves para nada.

Y cuando me pusieron
los pantalones largos
la tristeza en seguida
cambió de pantalones.
Mis amigos dijeron:
no sirves para nada.

En la calle en las aulas
odiando y aprendiendo

la injusticia y sus leyes
me perseguía siempre
la triste cantinela:
no sirves para nada.

De tristeza en tristeza
caí por los peldaños
de la vida. Y un día
la muchacha que amo
me dijo y era alegre:
no sirves para nada.

Ahora vivo con ella
voy limpio y bien peinado.
Tenemos una niña
a la que a veces digo
también con alegría:
no sirves para nada.

EL PROFETA

> *Yo saciaré mi furor contra la gran pared...*
>
> (Ez., 13, 15)

Decía un libro antiguo: Suaves
son los caminos del Señor alegres las campanas
que repiten su nombre; permaneced humanos
en la serena rectitud tended la mano
al triste perseguid la verdad.

Los elegidos saben todo esto o debieran
saberlo pero hete aquí
que ensucian las ciudades de la tierra
con su orgullo con su ambición vituperable y loca.

Por todo ello el profeta filósofo justo
en el ejercicio de su bondad en el año

mil novecientos cincuenta y cinco en el séptimo día
del séptimo mes cuando el fuego es más grande
lejos del griterío y también
lejos de la enfurecida carrera de los toros
en su retiro solitario estando
en meditación frente a la gran llanura oyó
la fuerte voz del Señor. Y la voz salía
de una jarra de vino. Dijo el Señor: escucha
hasta mi poderío llegan continuamente quejas
de los muchos pecados de este reino. El hombre
hostiga al hombre no hay justicia
los elegidos no recuerdan... Levanta pues
la mano y profetiza contra él.

Entonces el profeta rasgó sus vestiduras
entró en ayuno y cubierto de ceniza y excremento
permaneció setenta días. Luego abandonó el llano
y caminó hasta la ciudad. Allí
calle y paseo plaza y plaza y plaza
arribó al sitio en donde los varones
sapientes se reúnen en donde son discutidos
los asuntos es decir al Consejo Supremo
de Disquisiciones Metafísicas.

Ante la inmensa fachada gesticuló enfurecido
y pidió silencio al silencio reinante. Clamaba:
hijos de hombre consignad por escrito la fecha
de este día. El Señor es quien habla por mi voz.
Vosotros abandonando la sagrada misión
de estudiar los efectos y las causas el progreso
y sus leyes permanecéis aquí preparando
continuos centenarios homenajes discursos
y ni por un momento
habéis querido recordar que el hombre vive
fuera de estas paredes y que sus pecados
y la sangre que vierte caerán
como un diluvio sobre vuestras cabezas;
solo empujado por su amor a lo efímero
la vida le proyecta con odio hacia su hermano

al que somete enarbolando signos y configuraciones
opúsculos y leyes. La inquietud y el desarraigo
se apoderan del pueblo y el futuro peligra.
Mas vosotros aquí sin acusarlo...

Así dijo el profeta así su voz
sonaba contra el aire. En las ventanas
fueron apareciendo torvos rostros se llenaron
de odio las balconeras. Y el profeta seguía:
yo os digo aunque le atéis las manos a la vida
aunque pongáis al hombre de cara a la pared
ha de llegar la hora de su resurrección
de su destello de oro...

La descarga sonó como un trallazo
tapándole la voz. No pudo continuar
ni siquiera escribiendo con sangre sobre el polvo.

El silencio volvió. Ya en las ventanas
no aparecía nadie. Volvió también la paz.

(Los despojos terribles del profeta
del enviado del Señor siguieron
unos días allí. Dicen las crónicas
que fueron devorados por los buitres
los profesores y los ayudantes.

Del Señor no se ha vuelto a saber nada.)

Claridad (1961/1998)

EL INTRUSO

Sólo te vi en fotografías
porque tu ausencia ocurrió antes
de que llegara yo a este mundo.

Sí: fui un intruso desgraciado
pues parecía que tu puesto
iba a ocuparlo yo. Maldigo

tu muerte aún. Porque no pude
luchar contra un fantasma ausente
que fue en todo mejor que yo.

Le daba vueltas a tu sombra.
Mi padre casi me ignoraba
y busqué amparo en otros brazos.

Y no era yo el que molestaba
sino tu muerte. Sin saberlo
me convertiste en un intruso.

CINCO AÑOS

Ahora veo el almendro
tembloroso. Las ramas
oreaban el aire
sobre mi piel. Y allá

la madre; un libro; rotos
pedazos de mi vida
tibias cosas en donde
mi mundo terminaba.

Yo era entonces
muy niño todavía
pero sentí el amor
de lo perecedero

de lo que pasa y pasa
y se pierde en el tiempo
como pasó aquel día
debajo del almendro.

LA CAMPANA

Nuestra casa estaba cerca
de un paso a nivel. Campana
y las barreras bajaban.

Desde el jardín yo seguía
los movimientos del guarda.
Gorra y bandera encarnada.

Trenes pasando veloces
y los autos que aguardaban.
Yo asomado a la baranda.

Quería saber adónde
los rudos trenes llevaban.
¿Qué hay detrás de las montañas?

Sólo los de cercanías
paraban. Señoras altas
con cestos las criadas.

¿Y los niños como yo?
Me fui al colegio. En el aula
seguí oyendo la campana.

EL NUEVO JARDÍN

Luego años veloces
la felicidad.
En un jardín nuevo
nueva claridad.

Rosas; buganvillas
y olor de azahar.
Nació un nuevo niño:
risa de mamá.

Mi padre me hablaba:
me enseñó a nadar.
Pero a un cielo en calma
sigue tempestad.

COMO UN CIEGO MIRÉ

Y de repente el aire
se desplomó encendido:
cayó como una espada
sobre la tierra. ¡Oh sí
recuerdo los clamores!

Entre el humo y la sangre
miré: miré los muros
de aquella patria mía.
Como un ciego miré
por entre los escombros:

iba buscando un pecho
una palabra; algo
donde esconder el llanto.

Y encontré sólo muerte
ruina y crimen y muerte
bajo el cielo vacío.

MIS MAESTROS

Aquellos hombres
predicaban miedo.
Miedo convulso
en la lección diaria;
oscuro miedo
por los corredores
entre esperma y latín
en la espantosa
composición exacta
de lugar: un niño
solo; mentido
y solo; amordazado
y frío buceando
en el pozo:
arriba; arriba;
sin aire casi;
arriba; más aún
hasta alcanzar
el borde de la vida.

CANTOS RODADOS

Como la piedra amigos
como el canto rodado
en perpetuo combate
con el agua y los años.

Sí: sed como las piedras
como cantos rodados:
libres ante la fuerza
duros y empecinados.

AMERICANOS

Yo tuve amigos
de color
de bronce:
hombres de Sur
compañeros
de América.
Llegaban hasta mí
con sus canciones
con su tierra
en la mano.
Me decían:
yo soy Colombia;
México; Argentina;
yo traigo el Altiplano
en la palabra;

vengo de Venezuela;
Ecuador; Nicaragua;
soy de Chile;
mi patria
es El Perú...
Por ellos
se ensancharon
mis fronteras;
por sus canciones
me inundó la alegría
de otros mares; supe
el dolor de pueblos
sin aurora;
alcancé el corazón:
sentí su tierra.

UN DÍA ESTABAS CANTANDO

Nuestra casa era pequeña.
Nuestra casa.

Y oscura. Pero tu luz
alumbraba.

Muchos libros; pocos platos;
ropa blanca.

Y un día estabas cantando
una nana.

Te vi como alborozada.
Volvías

más luminosa y más grande
nuestra casa.

CON NOSOTROS

En la habitación
de al lado
en la misma
habitación
que hasta hace poco
era mía;
rodeada de los mismos
libros en las
mismas librerías;
mirando los mismos
cuadros sobre las
paredes mismas;
toda asombro

vida y ojos
y amor; manos
y alegría
canta y juega;
ríe; ríe
una niña; una
niña.

ENCUENTRO

Alegría: yo te
he buscado y buscado
por todos los lugares
por todos los caminos
que andaba y desandaba.
Alguna vez oí
tus pasos en el bosque;
otra vez escuché
tu risa. Pero nunca
te tuve entre mis brazos
para poder hablarte
para decirte que
mi vida iba cayendo
como una gota de agua;
que hacía frío y que
yo te he esperado siempre
roto y amante; tal
y como me ves y tienes
contra tu pecho: amiga.

HOMENAJE EN COLLIURE

Aquí: junto a la línea
divisoria; este día
veintidós de febrero
yo no he venido para

llorar sobre tu muerte
sino que alzo mi vaso
y brindo por tu claro
camino y porque siga
tu palabra encendida
como una estrella sobre
nosotros ¿nos recuerdas?
Aquellos niños flacos;
tiznados; que jugaban
también a guerras: cuando
—grave y lúcido— ibas
viejo poeta al encuentro
de esta tierra en que yaces.

ME CUENTAN CÓMO FUE

«... amigo: y le llevaron
a Víznar; monte arriba;
mientras lejos Granada
hermosísima y triste
como una niña sola
palidecía igual que García Lorca
bajo la despiadada luz del alba.
Y entonces él —como hará dentro
de unos cuarenta años—
repitió el gesto de Boabdil el Chico
el último rey moro de Granada
y volvió la cabeza por mirarla
otra vez; y gritó y gritó;
y lloró; con tristeza y con rabia...»
¡Ay!
Poeta como éste
ya no le hay.

PENDIENTE DE JUICIO

Se ha cometido un crimen.
Todo el pueblo es testigo
del hecho. El juez
se ha demorado; el forense
no está; los guardias
han huido. Esperamos
—año tras año— que se celebre
el juicio del culpable.
Pero no llega nadie.
El camino
se pierde en la llanura
vacío.
Dice una voz:
tenemos que hacer algo.
Asentimos. El pueblo
hará de juez; de forense
de guardias y testigos.
¿Y el abogado? Nada:
no se oye nada.
Hay millones de ojos
mirando al asesino.

EN MI CIUDAD ALGÚN DÍA

Yo beberé algún día
el rojo vino; el aire
de tu recuperada
libertad y saldré
por tus calles cantando
cantando hasta quedarme
sin voz —porque serás
de nuevo y para siempre—
albergue de extranjeros
hospital de los pobres
patria de los valientes
tu, Laye, mi ciudad.

Algo sucede (1968/1996)

MIS HABITACIONES

En las noches sin sueño en esa hora
de la rauda memoria
que precede al olvido
pasan por mi cabeza
como ante la pantalla de un cine desbocado.
escenas gestos voces alegrías,
persecuciones, himnos
pero de entre las cosas
que vuelven desde el fondo
sin límites del alma
asoman su contorno surgen
las extrañas habitaciones
en las que yo he vivido.

A veces me contemplan los sillones
de la casa del padre me preguntan
por mis zapatos nuevos,
por aquella pelota que un día me quitaron
o por el perro que murió.
También me observan
los espejos recordando mi rostro
cubierto de jabón, me saludan
y me encuentran más viejo.

Una silla otras veces
salta desde el rincón más alejado
de aquel cuarto que fue
mi residencia de estudiante

y desde allí me grita
me canta las virtudes de aquel vino
repite mis lecciones de memoria
y me despierta con una campana.

También llega un pasillo
que me conduce de la mano
hasta el cuarto encalado
de mis veranos libres
me encierra allí y aguarda
la bienvenida del ropero
y escucha agazapado tras la puerta
nuestras conversaciones
hablando de la caza de los higos
o de aquella camisa de soldado
que todavía guarda.

Están, después aquellas
otras habitaciones silenciosas
que no preguntan nada que me miran
reprochando algo feo
que debió suceder y no recuerdo
y lanzan sus lavabos
como una acusación disparatada
dirigiéndome sordos
ruidos con sus desagües pecadores
para llamarme al arrepentimiento.

Así, en las altas noches
me cercan y preguntan
estas habitaciones de mi vida
estos cuartos sus muebles sus dinteles
y en un agobio de percheros
de alfombras y de libros olvidados,
me recuerdan el tiempo
que dejé como un trapo.
hecho jirones entre sus paredes.

ADIÓS

Señor de todas las cosas
que yo tuve escúchame.
Nada de lo que tenía
me sirvió para después.

Nada de lo que tenía:
ni la mirada más pura
ni el amor, ni la esperanza
ni tan sólo la alegría.

Señor de mis ilusiones
perdidas, hasta más ver.
Ojalá que en mi camino
no te cruces otra vez.

APORTO NUEVOS SÍNTOMAS

También llegan los sueños
pavorosos las noches
llenas de escalofrío y largos gritos
repetidos en calles que conozco
en casas sin portal y sin portero
en ventanas sin rostro
y oigo el jadeo de mi propio miedo
confundirse en la almohada
con la respiración de mi mujer
y es entonces entonces
cuando vuelvo a vivir todos mis crímenes
todas mis ignominias
el perro que maté en un descampado
la danza vientre arriba
de los lagartos que alcancé a balines

el ojo amoratado de un amigo
el retrato de boda amenazante
junto al lecho furtivo tantas cosas
que cuando estoy despierto me dan risa
pero que pesan dentro en esos sueños
pavoroso doctor como le digo.

NOCHEBUENA CON ROSA

No no fue aquella noche
una noche cualquiera en Barcelona.
El aliento dolía las campanas
repicaron alegres al dar la medianoche
todo estaba
lleno de flores y papeles rojos.
Las voces el sonido
de la zambomba oscura,
el agrio golpe de la pandereta
y mil ruidos distintos desbordando
todas las calles. ¿Lo recuerdas Rosa?

Anduvimos perdidos
entre el humo y la luz del barrio viejo
nos metimos alegres
en los bares de plástico y cañizo
bebiendo aquí y allí. Mi mujer
parecía una niña
asustada. Carlos e Ivonne
estaban con nosotros.

No recuerdo la hora pero sé
que alta la noche ya
en la calle San Pablo cerca
de la explanada en ruinas
en donde venden churros
y hay tiro al blanco y puestos de castañas
vimos llegar a un grupo

de gente que cantaba aquella copla
del mira cómo beben
los peces en el río y entonces,
coreando la canción fuimos con ellos
hasta una tabernucha. Había pocas
mesas vacías y las viejas putas
que tenían parada en aquel sitio
bebían y bailaban,
                      Se escuchaba
detrás de nuestras voces
el tumulto en la calle.

Una extraña alegría
con deje de amargura
se me pegó a la lengua. Tú mirabas
despeinada y absorta por todos
los rincones preguntabas
y entre copa y canción eran tus ojos
dos llamas diminutas
brillando con fulgor apasionado.

¿Cuánto tiempo duró quién invitaba
qué hicimos al salir? Sólo os recuerdo
a ti y a las mujeres
temblando en los abrigos caminando
delante de nosotros
hacia las ramblas que eran
ya con la luz del alba
un río humano de bullicio y fiesta.

Sí fue distinta aquella noche,
pero no por lo que otros celebraban
al acudir a misa.
Era una noche libre
con canciones y viento alborotado
removiendo la oscura
conciencia de los hombres y mujeres
enmudecidos casi siempre anónimos
esos que no están nunca

en las calles hipócritas
de esta ciudad de anuncios y fachadas
que esconde entre sus muros la impotencia
de casi dos millones de personas
que todavía ríen tú lo viste
que cantan todavía.

QUIERO SER GATO

En esta casa llena de muchachas
yo quisiera ser gato diplomado
de plantilla de oficio estar atento,
levantarme al oír la voz de Marcia
frotar mi lomo contra su sillita
salir, cruzar pasillos ver a Ada
ronronear de gusto en un sofá
ante el aroma del café que bebe
grabar después maullidos para Chiqui
en una cinta que jamás funciona
saludar respetuoso, la presencia
de Haydée solicitarle quedamente
dando a mi cola un lento abaniqueo
que me deje salir todas las noches
para ver a mi gata a mi mulata
y luego deslizarme hasta el dominio
de Silvia y sus ficheros ayudarla
a encontrar direcciones imposibles
y andar majestuoso hasta la tibia
biblioteca con Olga entre mil libros
limpiar el polvo vigilar la sisa
de lectores hipócritas non frères
non semblables, en fin hacer las cosas
de un buen gato de ideas avanzadas
integrado intrigado e intrigante
en esta casa llena de muchachas
de libros de canciones de trabajo
casa de las américas mi chica
que ya lo tiene todo menos gato.

COMO LA HIEDRA

Como hiedra que ahoga
rodeabas mi vida.
Soledad vi en tus hojas
una sombra que alivia.

No me di cuenta entonces
de tu anhelo insaciable.
Crecías y crecías
sin llegar a dañarme.

Tiempo y sangre me cuesta
romper tu fuerza loca.
Soledad es tu abrazo
como hiedra que ahoga.

CARTA A MI HERMANO

Querido Juan: te escribo
para contarte algunas cosas.
Ayer por la mañana
yo no sabía si salir o qué
y, sentado en mi silla,
junto al café con leche
que se me queda frío
casi todos los días
pensaba que es difícil
—para mí por lo menos—
poner cara de hombre
normal y sonreír
a la gente que bulle
que te saluda al viejo
portero de la casa

y a todo dios que corre
que atraviesa las plazas
detrás de algún asunto
—dinero, casi siempre—
esos hombres anónimos
que están peor que yo
es decir más cansados
o enfermos o perdidos
pero que siguen siendo
hombres viven y aguantan
esta vida cochina
y hermosa tantas veces.
Si mi mujer me mira
yo no sé qué decirle;
confía en mí en mi fuerza
y habla de cosas simples
—de otro año de un piso
mayor o de la escuela
de Julia. Ay Julia
yo no quise, tú entiendes
y resulta que crece
cada día que me habla
me mira y me da besos
me pide una peseta
y también cree en mí
me ve como un gigante
cariñoso y eterno
y ríe con la risa
de los que aman la vida
—como a veces yo río
cuando no pienso así—.

Estoy cansado hermano,
me siento como un viejo
inútil que ya hizo
todo lo que debía
y está de sobra aquí;
si creyera yo en algo
que no fuese la vida

odiaría la vida
y querría morir.
Yo Juan sé que comprendes
lo que me ocurre sé
que leerás mi carta
y pensarás en mí
en Luis, que está mejor
después de todo el lío
en los años felices
que hemos vivido juntos
como tres compañeros
y en todo lo que pesa
como un montón de escombros
en la memoria.

                En fin
se termina el papel
Perdona mi tristeza
pero quise explicarte
lo que me está pasando
para sentirme cerca
de ti de tu alegría
para olvidar un poco
esta sórdida vida
que acabará conmigo
sí no pongo remedio.
Adiós escribe pronto
y besos a Monique.

TODAVÍA ESTOY VIVO

Amargura,
pájaro triste llegas
sin avisar
se abren tus alas
como una maldición y cae
tu sombra

encima de mi vida
llenándola de un frío
sabor de madrugada
y amarillea entonces
la luz el aire
todo
bajo tu lento vuelo
y se vuelven las cosas
diferentes, se habla
con dolor acallado
no se sabe qué hacer
para salir
de tu dominio oscuro
y las mismas palabras
no pueden explicar
lo que antes era
una pasión un grito
enamorado.

UNA HISTORIA DE AMOR

Se amaban. Era el tiempo
de las primeras lluvias de verano
y se amaban. Los días
fueron como una larga cinta blanca
que rodeara sus cuerpos enlazados.

Pasó un año tal vez
y luego tres o siete y todavía
ellos se amaban muy directamente
buscándose en la sombra de los parques
en los lechos furtivos.

No hablaban casi nunca. Ella decía
que la esperaban que tenía miedo
y él trabajaba en la oficina,
y miraba al reloj esperando la hora
de volver a su lado nuevamente.

Eran distintos y se amaban. Él
estaba casado con una rubia idiota
y ella tenía cuatro hijos
y un marido metódico y alegre
que nunca la entendió.

DÍAS DE LUZ

Santander nunca olvido
tu olor de yodo tu silueta blanca
las calles como en fiesta
el alegre pitido de los barcos
regresando tu viento
en las colinas y en la yerba
como un manto seguro de esperanza
y la rueda de chicas que cantaban
junto a la plaza al sol.

Días de clara luz palabras
locas sardinas como un río
de plata interminable
y las piernas de Silvia
metiéndose en el agua
tú me tueras mon meo y luego
el duro golpe de su cuerpo amando.

Yo viví en otro tiempo en un verano
casi irreal alegre y despiadado
del que conservo siempre esta memoria
de tu arena sutil de las banderas
del puerto, que tremolan.

Yo invoco me rebelo
todavía en el fondo de mis ojos
y tu brillo nocturno, allá, a lo lejos
desde la dulce playa
como rosa de fuego Santander.

ALTA FIDELIDAD

Entre todos los ruidos de la noche
yo distingo sus pasos. Sé
cómo va vestida, lo que piensa
qué música prefiere. No me importa
su nombre dónde vive
o en la casa de quién y todavía
mucho menos aún qué hará mañana
hacia dónde se irá qué oscuros trenes
la envolverán con su jadeo sordo
qué manos retendrán su mano tibia.

Ella camina ahora y yo la siento
cerca de mí real cansada siempre
con ojos asombrados esperando
que algo nuevo suceda algo que cambie
el monótono ritmo de las horas
un gesto acaso que ella entendería
y no sabe cuál es. Sólo la noche
acompaña sus pasos desolados
le da cobijo entre las multitudes;
sólo la noche como yo la espera.

NOCHES BLANCAS

La luz áspera y tenue
ponía en tus zapatos
un brillo opaco un aire
cansado de paseos
junto al pretil del Neva.

No puedo recordarte
sin aquella flor blanca

durmiendo en tu vestido
mientras cantabas viejos
cuplés desempolvados
por el agrio sonido
del altavoz del muelle.

En las mesas vecinas
los vasos derrotados
anunciaban el día
que llega sin aurora
ese día del norte
que avanza con los golpes
de las grúas del muelle
con los primeros timbres
de la ciudad despierta.

Era hermoso quedarse.

A UNA MUJER CON CARA DE CABRA

Te aguarda
un paraíso
de cabritos.

Tus ojos
—dos pedazos
absurdos de cristal—
miraban
confundidos.

Me pedías
amor a viva fuerza.
Yo me negué
por no pecar
contra naturaleza.

Mujer
tú no eres
de este mundo.
Eres de un mundo
todo
hierba fresca.

Sí hierba fresca
con chopos
tan macilentos
como tus dos ojos.

TÚ TIEMBLAS

El sol se va extinguiendo
en las paredes últimas
del día
       y mientras tanto

el aire se estremece
presintiendo ya el tacto
de la sombra
       que llega

y que cubrirá toda
la vastedad de calles
solares plazas.
           Antes

de que el frío nocturno
acalle las palabras
y los ruidos
       yo quiero

decirte que te amo
en esta hora cuando
tú tiemblas
       y no sabes

por qué. Ven a mis brazos
ya nada soy sin ti
mi amor
        muchacha bruna.

PIAZZA SANT'ALESSANDRO, 6

Querida Carmen hoy
no me importa que digan los periódicos
que prosigue la huelga de estudiantes
o que ataca el Viet-Cong
pues ahora
hace muy poco tiempo —tan sólo
unos minutos—
ha empezado a llover —es importante
el agua sucia empieza a resbalar
por las paredes forma
charcos brillantes cae saliva
de los coches parados en la calle
y los toldos se comban por el peso
del agua y es posible
que dure algunas horas el chubasco—
y yo estoy en un bar lleno de gente
con humo y mal olor de bocadillos
y bebo mi segundo
gin-tonic de la tarde y me he tragado
dos librium ya lo ves llevo la cuenta
y como te decía
ya no me importan nada las noticias
ni la gente que corre ni la vida
es decir que me importa sólo el agua
que está cayendo siempre con más fuerza
salpicando el cristal junto a mi cara
y pienso en cosas dulces y difíciles
—ser más guapo tener
a una chica bonita y cabreada
caminando a mi lado por un feroz pasillo
lleno de puertas altas y de cuadros

de antepasados medio sifilíticos
que sonrían y en voces
hondas voces severas no como estas
que hablan de fútbol y de tonterías
con tono pegajoso y aburrido—
y esto me reconforta. Soy capaz
de amar a un elefante de tener
concomitancias con un gran marica
de prestar mi corbata
de jugar a fantasmas con mi prima
y me levanto llamo al camarero
—sigue lloviendo oh agua sucia cae
cae por favor
sobre la horrible piel de Barcelona
no te detengas hasta que me duerma—
y pago los gin-tonic y el tabaco
recojo mis papeles y estoy viendo
que hago nuevos proyectos imposibles
y cuando estoy a punto
de salir de una vez de este tristísimo
café de la puñeta ya me olvido
del hombre que yo fui hace diez minutos
de su ternura inútil de su frío
de las pastillas que necesitó
para decirle adiós al limpiabotas
y salir por la puerta en donde ahora
pienso en ti en tus pestañas y en tu abrigo
y te escribo enseguida
para que leas esto y me recuerdes
bebas un trago y otra vez me olvides.

EL DISCÍPULO

Se aferró a su cadáver
todavía caliente. Dijo:
no le toquéis ya más
que así era el muerto;
me pertenece es mío.

Él había pasado
largos años de tedio
junto al Maestro. Quiso
ser su heredero hundió
su frente sobre el polvo
no pensó por sí mismo
y repetía siempre
la voz del otro.

                Ahora
quiere su recompensa
su cadáver el título
de discípulo amado
en exclusiva.

                Amigos
dejadle en soledad.
Aunque él se crea
que vivirá del muerto
—de momento es verdad—
estad tranquilos.

                Nada
destruye más a un hombre
que vivir del pasado
renunciando a seguir
nuevos caminos. No
no envidiéis su suerte
ni su título.

                Es
un ave rapaz
junto a su presa hiede
como carroña es hombre
que afortunadamente
no dejará discípulos.

BILBAO SONG

Se puede conocer una ciudad
paseando por sus calles emigrando
bebiendo en sus tabernas
y también por supuesto
de otras cien mil maneras.
Yo conocí Bilbao
yendo a comprar cristales
para una empresa en la que trabajé
y aunque después la he visto muchas veces
pienso que como entonces
no la veré jamás
con su café de gatos y mujeres
en aquel barrio hermoso
como la muerte y luego
anatemas murales niños blancos
llevados por niñeras increíbles
luz de plomo y carbón
en los paseos
y monjas monjas monjas
y bocadillos de jamón
historias de un pasado tenebroso
conversaciones niño
pórtate bien qué leches
sírvanos dos chiquitos paga éste
ayer trincaron a Ramón
lo siento no conozco a Blas de Otero
ay mi chico me matas
sigue sigue
y el zumbido el martillo
la competencia de las vagonetas
todo rodeando aquel Bilbao absurdo
con aire medio inglés y derrotado
ciudad para vivir para beber
sino le llevan los demonios, oiga,

y tanto ruido junto
para nada
tanta muerte en la guerra
y la perdimos
tanto placer y sólo por diez duros.

COMO EN LABELLE ÉPOQUE

¿Quién es esa mujer de dónde sale
su cintura de goma?
Sus pechos ¿de qué son?
En un sofá sin muelles cae la música
envolviendo una mano
blanquísima enjoyada que sostiene
un vaso extraño de color violeta
mientras como en antigua
portada de revista de entreguerras
aparece otra mano.
¿otra mano de quién? y un cigarrillo
difumina y apaga
la imagen entrevista, los collares
las piernas el zapato.
Alguien anda detrás de todo esto.
Alguien nos amenaza
con recuerdos que nunca fueron nuestros
pero de los que somos responsables
y en un rincón oscuro
siempre habrá una mujer como nalgona
sin rostro y sin pasado
denunciando locuras que no hicimos.

PIERRE, LE MAQUIS

Yo llegué a Aix en Provence por la mañana
de un día oscuro de setiembre,
cuando las hojas secas de los plátanos
revueltas por el viento golpetean
con furia el parabrisas ya manchado
por el barrillo de los camiones
que cruzan la Camargue en la hora incierta
que media entre dos luces. Un café
agua en el rostro y consultar el plano:
rue de la Republique rue de la Gare
Place de Saint Paul aquí pequeña calle
serán pocos minutos. Oui Monsieur
y la búsqueda fácil con la carta
y el paquete que envuelve la botella
de Fundador Domecq
hasta un segundo piso. La señora
metida en una bata casi china
me contempla me escucha. Pierre no está
no vive aquí se fue no sabe adónde
quizás en el bar allí tenía amigos
y alguno lo sabrá. Las escaleras
y el golpe de la puerta a mis espaldas.
Nada en el bar tampoco
los hombres que jugaban cada día
la partida con él saben decirme
cómo encontrar a Pedro dónde vive;
tan sólo entiendo que hace más de un año
empezó a beber fuerte
que hablaba más que nunca de la guerra
que se reía solo y maldecía
jurando en castellano
y que le detuvieron
un Catorce de Julliet cuando orinaba
las flores y coronas
del Monumento de la Resistencia.

Pedro Antón Pierre escucha
no sé si aún estás vivo,
pero si un día lees o te cuentan
lo que ahora escribo aquí quiero que sepas
que de regreso ya hacia La Junquera
en un bistrot increíble, entre gitanos
que hablaban catalán cerca de Sète
yo acabé vaciando la botella
que para ti me dieron en Tortosa.
Fue a tu salud lo juro. Aquella carta
creo que la he perdido.

Bajo tolerancia (1973/1996)

BÉCQUER EN VERUELA, JULIO DE 1864

Como destello en la superficie del agua desabrida
    que sus manos todavía no tocaron
inclinado ante la monacal y espeluznante
    palangana golpeada floreada
cree que aún le persiguen las imágenes
    del sueño bruscamente interrumpido
y ve el perfil la sonrisa dios los gestos
    de una mujer increíblemente bella
que no es Casta ni Julia ni tampoco Elisa
    ni la otra la sin nombre la señora
a la que algunos llaman con rencor soriano
    la dama rica de Valladolid.

Extraños son pero no incomprensibles los delirios
    de un poeta con duelo y desamor
porque el rostro que está en el agua quieta
    es el de Dorotea la muchacha bonita
sobrina por más señas del cura mosén Gil
    con sus ojos chispeantes divertidos
que habla y habla deprisa cuenta historias fantásticas
    de aquelarres y sangre y sacrilegios
entre fornicaciones de grito y dentellada
    que practica en las noches sin luna
con el mismísimo diablo sobre la hierba húmeda
    del miserable pueblo de Trasmuz.

Mejor no continuar: sus dedos al fin rompen
    la superficie tersa del espanto

lava aparta las huellas de tos y de fatiga
    hemotisis y fiebre de horas altas
mientras aún sigue oyendo la risa de las brujas
    mezclarse con el llanto de su hijo
y en su cabeza bullen enanos escribientes
    endriagos con furor de velocípedo
que registran ensueños milagreros para la Carta Octava
    que ha de salir mañana hacia Madrid.

La toalla en los hombros se mira se contempla con miedo
    —nada existe peor que estos instantes—
en el pequeño espejo de marco amarillento anaranjado
    que alguien clavó en la jamba del postigo
amaña gestos firmes se palpa las mejillas
    se pellizca con rabia ah el color
hay que seguir más vale esto sin duda que el empleo
    de fiscal de novelas no no quiere
eso nunca no desfallecerá no hay rendición
    es verano y el día está hermosísimo.

EN LONDRES PARA UN CANTOR DE SOMBRAS

    Aquí vivió hace tiempo
    cuando los que ahora leen sus poemas
    eran sólo unos niños
    o no habían nacido todavía.

    Pero habló justamente para ellos
    aunque nunca los iba a conocer
    no para los que un día fueran sus amigos
    que enterraron muy pronto su obra en una cita
    en un lugar ambiguo
    de sus toscos y grises mamotretos.

    Después los años caerían
    inexorablemente y sobre el gran vacío

que intentaron crearle
a cuenta de un amor que dicen extraviado
suena su clara voz oh aparecido
de una noche larguísima
hecha historia de un ruin sobrevivir
y en que realidades y deseos
se hundieron confundidos para siempre.

BOLERO

    A ti te ocurre algo
        yo entiendo de estas cosas
    hablas a cada rato
        de gente ya olvidada
    de calles lejanísimas
        con farolas a gas
    de amaneceres húmedos
        de huelgas de tranvías
    cantas horriblemente
        no dejas de beber
    y al poco estás peleando
        por cualquier tontería
    yo que tú ya arrancaba
        a que me viera el médico
    pues si no un día de éstos
        en un lugar absurdo
    en un parque en un bar
        o entre las frías sábanas
    de una cama que odies
        te pondrás a pensar
    a pensar a pensar
        y eso no es bueno nunca
    porque sin darte cuenta
        te irás sintiendo solo
    igual que un perro viejo
        sin dueño y sin cadena.

ASÍ SON

Su profesión se sabe es muy antigua
y ha perdurado hasta ahora sin variar
a través de los siglos y civilizaciones.
No conocen vergüenza ni reposo
se emperran en su oficio a pesar de las críticas
una veces cantando
otras sufriendo el odio y la persecución
mas casi siempre bajo tolerancia.

Platón no les dio sitio en su República.

Creen en el amor
a pesar de sus muchas corrupciones y vicios
suelen mitificar bastante la niñez
y poseen medallones o retratos
que miran en silencio cuando se ponen tristes.

Ah curiosas personas que en ocasiones yacen
en lechos lujosísimos y enormes
pero que no desdeñan revolcarse
en los sucios jergones de la concupiscencia
sólo por un capricho.

Le piden a la vida más de lo que ésta ofrece.

Difícilmente llegan a reunir dinero
la previsión no es su característica
y se van marchitando poco a poco
de un modo algo ridículo
si antes no les dan muerte por quién sabe qué cosas.
Así son pues los poetas
las viejas prostitutas de la Historia.

LOS MOTIVOS AUTÉNTICOS DEL CASO

Una noche cualquiera del pasado verano
quiso aquel hombre terminar con todo
y después de la cena
se bebió más de un litro de café
para empujarse todas las pastillas
de cuatro o cinco frascos de un somnífero
con lo que normalmente se durmió
y llegó hasta la muerte sin sentirla.

Sólo ciertos rumores intentaron
dar una explicación a tal suceso:
se aseguró que estaba enfermo grave
que una prima segunda le había amenazado
con contárselo todo a su marido
que los negocios no marchaban bien
que sufría de insomnio
o que su amante no le hacía caso.

Pero en realidad
las cosas eran mucho más sencillas:
ocurrió que fue siempre un solitario
ocurrió que la vida dejó de interesarle
ocurrió que esa noche hizo un calor de ahogo
ocurrió que era muy inteligente.

RECORDANDO A HENRY MILLER

Aunque no sepas por qué estás aquí y encuentres mareante
    el olor de las flores
debes reconocer que es una hermosa fiesta todo muy pre-
    parado
    excelente servicio

un aire teatral cubre el jardín sobre el que flota esa luna
   de junio un poco absurda
mientras los camareros parece que den quiebros y se muevan
   como siguiendo el ritmo estereofónico
The Rolling Stones tu amigo se largó puedes jurarlo
   detrás de aquella chica pelirroja
una Libra sin duda ojos voluntariosos inquietantes
   y la sonrisa abiertamente cínica
pero su compañera se largó dónde se habrá metido
   la Piscis que rehúye tus miradas
linda como potranca sin montura a la que acaban
   de peinar la crin.
Un Acuario del grupo más cercano cortésmente te ofrece
   un cigarrillo de un paquete horrible
y sin rodeos te pregunta sobre El Aleph de Borges
   como si se tratara de un coche deportivo
gracias no fumas rubio por supuesto es espléndido
   debiera usted leerlo siete veces
te vas te acercas al salón y mientras con dulzura
   alguien te sirve un whisky y ni lo miras
oyes cómo un Escorpio comenta con dos Cáncer
   la situación en el Oriente Medio
y un poco más allá atiendes a un Acuario que perora
   sobre la polución en las ciudades
dulce obtuso país que un día se ha de hundir como astillada
   barca
   vieja de un Parque de Atracciones
y bien que te alegrarás si con ella se fueran al fondo esos
   patanes
   y vendedores de quincallería.

Mejor date una vuelta y observa en la glorieta
   a una Virgo entrecana que apabulla
a un desgraciado Leo ejecutivo que acaba de apearse
   del avión que le trajo de Madrid
peligro junto al lago un Capricornio inconcebible quiere
   explicarte su larga y triste historia
vuelve al salón precisas otro trago ahí va la Piscis
   que se te esfuma bajo la escalera

esa puerta quizás pero no es un lavabo en donde encuentras
    a dos Géminis tocándose el vitelo
gran dios esto es inicuo te quieren presentar al anfitrión
    un Libra castellano bebe bebe
no te pongas nervioso podrías tropezar con cualquier cosa
    y derramar tu vaso en el escote
de aquella espeluznante Sagitario chillona
    de rostro sibilino y grandes tetas
mucho gusto señor espléndida su fiesta debo irme
    pues has visto a tu Piscis despedirse
y huyes tras ella no miras hacia atrás porque recuerdas
    a la mujer de Lot esto es tremendo
pierdes whisky on the rocks y amigo y corres gritas
    mi chica mi coneja

ESOS LOCOS FURIOSOS INCREÍBLES

Llegan apresurados y nunca dicen para qué
    ni de dónde proceden
y en seguida te piden dos mil francos
    que casi siempre te han de devolver
o te quitan la toalla sin respeto
    cuando te estás duchando
se ponen la colonia los polvos el masaje
    la loción de tu novio o de tu hija
te arrastran a lugares espantosos o bellos
    y ni siquiera piden tu opinión
y beben prodigiosamente se ponen a cantar
    en cualquier parte
o arman la del gran dios en un bar miserable
    y por motivos nimios
siempre siempre avasallan te compran un sombrero
    o unas flores
y un día salen al galope quizás hacia los infiernos
    qué desastre.

Señora caballero muchachita asustada
    de colegio de monjas progresista:

si se tropieza usted con uno de esos
    locos furiosos increíbles
no le deje escapar llévelo a casa
    son tiernos como niños
a veces tienen frío quién sabe si es porque
    les han pegado duro
duermen poco se lavan todo el rato y son muy
    besucones y mirones
pero cuidan los libros sacan todas las noches
    el cubo de basura a la escalera
y están sólo pendientes de tener siempre
    un cenicero al lado.

Tienen por fin el gran inconveniente:
    se van mas vuelven pronto
    duran toda la vida.

A HANS MAGNUS LE ROBAN LA MALETA

Entre algún libro y varios folletos y revistas
    y el aviso de pago de una letra
ayer llegó la carta que desde West Berlín
    trajo malas noticias de Enzensberger
y mi mujer y yo nos quedamos pensando
    en los días que estuvo en Barcelona
cuando nos dijo que le acompañáramos
    pues quería comprarse una maleta.

Eso de andar rondando por tiendas y almacenes
    siempre me resultó desagradable
pero dijo *maleta* y fue como si todo su futuro
    dependiese de que él pudiera andar
en compañía siempre de una bella muchacha
    que guardara con mimo sus papeles
apilando sus sweaters pantalones y blusas
    por todos los hoteles y lugares del mundo.

Lo mejor es pensar quién entiende o es técnico
    en cuestiones como ésta delicadas de suyo

nos dijo mi mujer y Hans y yo asentimos
   y al fin se decidió que mi cuñado era
un hombre de experiencia pues ha viajado mucho
   y comprende y conoce todas las cualidades
que deben adornar a una buena maleta
   y sabe de ocasiones y júbilos y ofertas.

Así ocurrió que fuimos los tres donde el cuñado
   y estuvimos hablando buen rato y discutiendo
el modo de actuar y recuerdo que Hans
   estaba tan nervioso como quien busca piso
y al fin salimos todos y yo aparqué en Las Ramblas
   y en la primera tienda los encontré dudando
anduvimos a otra y a otra y regresamos
   y ya no hubo más dudas en la primera tienda.

Estaba allí esperando con su piel de azabache
   y Hans la alzó despacio acarició sus cierres
era por dentro roja como cereza oscura
   luego se comprobaron las asas y refuerzos
y vimos que asentía y el cuñado entró en fuego
   hasta que la encargada rebajó unas pesetas
y la maleta y Hans ya no se separaron:
   volaban en un jet al cabo de unos días.

Mas la carta de ayer nos cuenta que en París
   no sabe si en un bar o en el hall del hotel
alguien se la quitó y ni la policía
   ni el conserje ni nadie pudo darle una pista
así que tuvo que irse como un viudo a Alemania
   desde donde escribía y explicaba otras cosas
que mi mujer y yo jamás recordaremos
   pues estamos tan sólo pensando en la maleta.

ELLA DIO SU VOTO A NIXON

Se llama Katheleen y es rubia
mide cinco pies nueve pulgadas
bien parecida treinta y cuatro años

estudió en el Colegio Presbiteriano de Akron
y se licenció en Literatura Española
por la New York University.

Allí conoció a Ted y se casaron pronto
tienen un niño y una niña
viven en Long Island en una linda casa
el marido es un brillante Ingeniero;
que corta el césped y practica yoga
y ella trabaja para una editorial.

Ama la libertad pero dentro de un orden
opina que los negros no están aún maduros
asiste a los oficios regularmente
recibe a sus amigas los viernes por la tarde
y los martes almuerza
con su Ted en el Rotary Club.

Hace seis días que llegaron a Europa
pues en París se celebra un Congreso de Acústica
y mientras él ultimaba su ponencia
Katheleen partió hacia el Sur
quedando en encontrarse en Málaga los dos
cuando se terminaran las sesiones.

Hoy ella ha amanecido en un cuarto de hotel
junto a un extraño hombre bajito
y mientras busca un Alka-Seltzer
piensa que por la tarde llega Ted
y que el psiquiatra de vuelta en New York
ya aclarará todo este asunto.

PRECISAMENTE ENTONCES

El día en que todos los teléfonos comiencen a chillar
y los televisores y aparatos de radio lancen una campaña en-
    loquecida
enumerando las ventajas del suicidio masivo

o cuando los relojes se queden detenidos en una hora completamente idiota

entonces
cuando leáis en las cintas de las computadoras
los datos más falseados
y en la calle se pongan los semáforos en rojo permanente
y veáis a los trenes caminando hacia atrás
a los aviones despegar sin sentido para luego estrellarse
o a los barcos jugando al abordaje

sí sí entonces
no creáis que esté ocurriendo
lo que en textos y ensayos
se llama rebelión de la tecnología
o intenta de la máquina de someter al hombre.

Lo que veréis será mucho más simple:
hombres manipulados como robots
a los que deformasteis hasta entontecer
en un momento de rechazo lúcido
estarán preparando la gran fiesta
que será vuestro entierro.

SALIDA DE LA BELLA HORRIBLE LIMA

Yo escapé del hotel al aeropuerto
en esa hora de Lima por la tarde
cuando la enorme nube brilla como rosada
por culpa del neón de la Colmena en esa hora
cuando Antonio Cisneros comienza a escudriñar
en el fondo vacío de los vasos de pisco
y cuando en su refugio de Barranco
César Calvo sudoroso y gastado igual que un héroe
antiguo con actitud y empeño que nadie dudaría
en definir como hondamente revolucionarios
le enseña a alguna joven adúltera y burguesa
lo que es el verdadero y único compromiso político.

La ciudad se borraba velozmente
detrás del empañado cristal del autobús
y mis días limeños se juntaron
en sucesión de imágenes y olores despiadados
como en una sesión con mucha hierba:
el Padre Urraca huía perseguido
por una hermosa diabla con los senos al aire
alguien me preguntaba por mi hermano
una tanqueta de la policía barría a manguerazos
a grupos de estudiantes en las calles del centro
mientras todo eran gritos y coca en la gallera
y el hedor de anchoveta subía de El Callao
amparado en la niebla del condenado río.

Dios no me quedó tiempo sino para embarcar
en el último instante cuando ya me voceaban
hundirme en la butaca del jet como un cabrón
y ansiar ansiar el sueño mientras la luz ordena
bájense pantalones no fumar
coloquen sus cadáveres en posición correcta.

SI TODO VUELVE A COMENZAR

Quiero decirlo ahora
porque si no después las cosas se complican.

Soy peor todavía de lo que muchos creen.

Me gusta justamente el plato que otro come
aburro una tras otra mis camisas
me encantan los entierros y odio los recitales
duermo como una bestia
deseo que los muebles estén más de mil años en el mismo
    lugar
y aunque a escondidas uso tu cepillo de dientes
no quiero que te peines con mi peine
soy fuerte como un roble
pero me ando muriendo a cada rato

comprendo las cuestiones más difíciles
y no sé resolver lo que en verdad me importa.

Así puedo seguir hasta morirme:
ya ves soy lo que llaman
el clásico maníaco depresivo.

Taller de arquitectura (1977/1995)

COMO UNA LLUVIA ANTIGUA

Como una nube turbia corrompiéndose
en lentas gotas de barro o de melancolía
como una lluvia antigua
que empapa hasta a los muertos más mezquinos
así el tedio resbala por los muros
forma charcos groseros en las calles
penetra en las iglesias y en los cines
y se filtra en las casas con su olor a desastre.

Un aire de fastidio y de humedad entonces
se apodera de gestos y palabras
se cuelga de los trajes
preside los encuentros de familia
viaja en los sucios autobuses
y envuelve la tristísima ciudad desconfiada.

Ah testigo implacable de las horas vacías
aburrimiento enorme que no ocultan
ni la música ambigua de las salas de fiesta
ni el clamor del estadio
ni el tintineo y charla de las mesas de bar.

Y en medio de una edad de hastío y podredumbre
de espera y rabia oculta
tan sólo algunos niños se divierten
jugando a destruirse por buhardillas de sueño
mientras que afuera sigue
esa lluvia cayendo desconsoladamente
sobre la piel de un mundo en bancarrota.

EL SOLITARIO

Una ciudad vacía
es una pesadilla apasionante igual que un rostro
sin persona detrás o máscara en desuso
porque calles y plazas y anuncios luminosos
y edificios y ruidos
son aspectos son signos que expresan la ciudad:
la auténtica colmena son los hombres.

Llega la noche urbana y poco a poco
desaparecen los últimos transeúntes
pero siguen ahí se oye su aliento
y el solitario puede entonces suprimir las fachadas
y ver sueños y anhelos y proyectos
y analizar las partes del retablo.

Todo cobra sentido: ropa tendida o flores
hablan de la rutina de tal o cual familia
de inmigrantes alegres en construcciones fúnebres
mientras el poderío del dinero
brilla en los centelleantes edificios metálicos
y el tedio hunde sus manos en el sueño
de los infortunados de los barrios-jardín.

Si se abre una cortina
o se atraviesa un lienzo de pared
pueden reconocerse las ventas aplazadas
en el abrazo de parejas sórdidas
y cuando los kilovatios dejan de gritar
aparecen artículos del código civil
o reglamentaciones y fracasos
en cortinas y antenas: y los vicios y normas
la historia entera y el futuro
de la ciudad están entre las páginas
del libro que angustiado deshoja el solitario.

EL ÚNICO SENTIDO DE LA HISTORIA

Al escoger camino en una encrucijada
y al avanzar por él
quedan atrás los otros mil proyectos
posibles desde el punto de partida.

Igual que un hombre solo
toda la humanidad como conjunto
sigue entre pactos y revoluciones
avanzando al azar
en su largo e incierto recorrido.

Determinista o no
el único sentido de la historia
es como el viaje en un ferrocarril
a medio construir entre la selva
que cubre su trazado impidiendo el retorno.

EL ARGUMENTO ES COLECTIVO Y MÚLTIPLE

e ignoras asimismo lo que delante aguarda:

El futuro es ambiguo
puede ser ahora mismo o dentro de cien años o un millón:
es imposible proyectar una obra terminada
que ha de irse realizando
a lo largo del tiempo
y pretender que siempre quede igual
si antes no se ha pensado
en ese tiempo y en los demás actores.

Tan sólo es instantánea la imaginación
hermosa y decadente y reaccionaria

porque en ella está todo terminado
porque el tiempo no cuenta en su dominio.

Un hombre piensa algo crea inventa
pero los demás hombres corren aman trabajan hacen
miles de cosas diferentes
construyen y destruyen por su cuenta
y ni el tirano más sagaz consigue
estar seguro de que se cumplan
todos sus deseos.

El argumento es colectivo y múltiple
y la obra continúa.

VENTANA A LA PLAZA DE SAN GREGORIO

En raros intervalos si tú puedes
mirar saltarte el muro de las luces
el humo y su cortejo funerario
entre signos veloces y ancha escenografía
tendrás instantes huecos para ver
lo que hemos construido: volúmenes informes
fachadas repetidas como gritos cayendo
sobre el gentío acorralado
ventanas de expresión acusadora
rayos y antenas recitando al aire
sus mensajes sabidos.
      Todo es
confuso como un buque entre la niebla
hilo desmadejado que no conduce a nada
palabrería de neón abstracto.
      Hay
miles y miles de escaleras y números
y nombres y refugios en el aire
como nidos de pájaros enormes
anchas plazas lunares y vacías
entre automóviles abandonados

                    Queda lejos
la imagen que tú guardas de una tierra distinta
el campo sólo la extendida piel
del mar junto a una playa
los árboles sin cercas de cemento.
                    Pero
es éste tu paisaje tu mundo
y de él quedarán luego las señales
salvadas por el tiempo: algunas casas
el esqueleto de un estadio o agujas
de un templo que perviva igual que ahora
quedan ruinas antiguas entre calles y túneles.

En la ciudad futura alta y metalizada
se hallarán huellas de hoy y alguien estudiará
lo que fuimos mirando entre espirales
y rampas la pared de un edificio
como el que ahora tú habitas. Alguien
intentará saber cómo vivían
los hombres que ahora cruzan
ahí bajo tus pies.
                    Y entonces ¿qué sentido
podrán tener balcones y terrazas
y huecos sin cristales de esta ciudad hostil?

Nadie podrá entender que ardió la vida
detrás de tantos muros derribados:
dirán cómo vivimos no dirán el porqué.

Cierra cierra el postigo refúgiate
en la celda y no abras la ventana
no sea que la luz
muerda también lo poco que te queda:
tu soledad en medio de los gritos
tu locura en un mundo enloquecido
el reposo agitado que te lleva
hacia la destrucción hacia la historia.

HACIA LA AUTOPISTA

No adoptas el rechazo ni el desprecio o la ira inconsecuente
    como otros muchos hacen todavía
si te ves rodeado cortejado seguido a cada rato
    por una multitud de objetos y de nombres
que surgen y que imponen su estricta y cegadora
    realidad en todas partes ahora mismo
y te hacen ver un mundo como el largo barrido o la secuencia
    de amplios escaparates excitantes
parecidos e tiendas de ortopedia y tan complejos
    como catálogo de agrimensor
porque tú sabes que los utensilios y palabras que lanzan
    de continuo almacenes y fábrica y T.V.
luego de señorear las calles y antenas y carteles
    escalando y brillando en anuncios de neón
han llegado a tu casa como el repartidor de los periódicos
    están en tu cocina o en el baño
en tu memoria en tu conversación y en la de tus amigos
    en los bares y el sueño
son parte de ti mismo tal tu pelo o tu nombre
    o aquel pantalón viejo que prefieres
son savia de tu tiempo y forman la cultura apresurada
    de un deslumbrante código de signos
que dentro de mil años diferirá muy poco oh eruditos
    del que usó el hombre auriñaciense o griego
tan fugaz como ellos pero también hermoso y expresivo
    y artificial y lleno de barbarie.
Así otra vez dejas tu cuarto pues y desayunas
    y procuras silbar y sonreír
y caminas cuidando no pisar en las juntas del bordillo
    y bajas a saltitos la escalera del metro
que con su vaho te lleva a la gran explanada de los aparcamientos
    a la ilusión que es tu ataúd coupé
y ya estás al volante y empiezas sorteando varios pasos

        y vas hacia la cálida autopista
que te ofrece su amor y los emblemas y rostros y dibujos
    de las marcas que usas o conoces
y has prendido la radio y pisas ahora a fondo pues que sientes
    el aire y la dulzura del otoño
mientras los postes de la luz y los arcenes se abren
    delante del motor y continúan
y ciñes una curva y adelantas bellísimos camiones
    hecho un objeto tú a ciento setenta
y piensas simplemente que algún día los nietos o biznietos
    que han de sobrevivirte los cabrones
patinarán sobre este mismo asfalto y treparán a las gasolineras
    y alguno tal vez crea que fuimos unos tipos divertidos.

Del tiempo y del olvido (1977/1980)

ME CUENTAN CÓMO FUE

«... y le llevaron camino de Víznar
mientras lejos Granada
hermosísima y triste como una niña sola
palidecía igual que Federico García Lorca
bajo la despiadada luz del alba.
Entonces él como hace ahora ya cerca
de quinientos años Boabdil el Chico
el último rey moro de Granada
volvió atrás la cabeza por mirarla otra vez
y gritó y gritó y lloró de rabia...»

¡Ay!
¡Yayay yayay!

Poeta como éste
ya no le hay.

SOBRE LA TEMPORADA EN BARCELONA

Cuando llega el otoño las gentes de esta bendita ciudad
comienzan a telefonearse rápidamente
organizan tremendas fiestas y se besan y se saludan
hola qué tal cuánto tiempo te quiero mucho llámame.

Entonces yo me afeito con cuidado
pongo una de mis caras más miserables
guardo un par de Alka-Seltz en el bolsillo
e inauguro mi vida social.

Algunas veces aterrizo en blandas casas
en donde me reciben con aparente sorpresa
y después de saludar a los anfitriones
tomo un vodka con hielo y comienzo a decir estupideces
a fin de aterrorizar a la concurrencia.

En otras ocasiones el éxito no es tan claro
ya que me veo metido en serias discusiones sobre el futuro
   del país
en apartamentos en donde sólo dan vino tinto
y nadie lleva corbata por el qué dirán.

Lo peor son las reuniones en editoriales
en las que siempre aparece un uruguayo con mirada de buey
que acostumbra a emborracharse y a cantar tangos
y acaba recordando a su querida mamacita.

En estos casos yo ataco al imperialismo norteamericano
me tomo varios martinis secos y firmo autógrafos
y procuro esquivar a las ávidas matronas
que me persiguen por los pasillos y lavabos.

Así se nos echa encima la Navidad
y el cartero deja sobre la mesa un montón de felicitaciones
de personas que he visto hace menos de veinticuatro horas
o de individuos a los que no conozco y que me ofrecen
su amistad o un nuevo detergente o sus mejores deseos
para el maldito próspero Año Nuevo.

De este modo vivo y procuro eludir
la multitud de trampas que me tienden
abandonando las fiestas por la puerta trasera
acariciando a las niñas y duchándome
mientras espero con paciencia que el ambiente se calme.

Está claro que podría hacer mucho mejor las cosas
y tener una agenda y acordarme de todo
pero no tengo tiempo porque quiero ir a casa
y meterme en la cama y perpetrar un poema
después de haberme duchado por enésima vez.

NON NON

Para ayudar a dormirse a una chica mayor.

Si son las tres y no puedes dormir
y ves en la pared la sombra de una bruja
u oyes cómo en tu baño se duchan los espíritus
si los muebles comienzan a gruñir
y el viento en el postigo recita tus mentiras
no te pongas nerviosa ni despiertes a nadie
piensa en la vida fúmate un cigarro
lo mismo no te mueres nunca más
y alguien te compra unas braguitas nuevas
las cosas son así todo es extraordinario
peor sería que tuvieras hambre
o que en la calle te dijeran fea
lee un ratito escríbeme un recado entérate
de las noticias por la radio canta
non non cuenta corderos muy despacio así
non non duerme mi amor corderos y corderos...

QUÉ LINDA ES PEPA

Yo deseo morir
en Cuba entre las piernas
de una mulata que
le dicen Pepa

y más nunca a París
quisiera yo volver
por miedo a los cuchillos
de Michelle.

Pero estoy vivo y meo
estrepitosamente
la sucia boca de un
montón de gente

y haré mil cosas feas
cuando ya esté aburrido
de tanto fantasmón
y tanto ruido.

Mas temo no volver
ni a Cuba ni a las piernas
de la mulata
María Josefa

y morir en París
en un cuarto de hotel
y en el pecho un cuchillo
de Michelle.

LAS MUJERES DE ANTES

En los Paseos junto al mar
en las sillas de mimbre de los bares
reclinadas en suaves chaises-longues de terciopelo
fumando cigarrillos atrevidos y exóticos
vestidas de colores muy decentes
o en lugares cerrados y más íntimos
mirándose al espejo
retocando sus labios y empolvándose
las mujeres de antes parecían irreales
eran como otra cosa algo distinto
pero cuando nos daban caramelos
o las fotografiaban de perfil
todos todos sabíamos que aquello se acababa
que no podía ser
que la hermosa película no iba a continuar siempre
y que la extraña joya que al parecer tenían
escondida en los pliegues del escote
o quizás entre las piernas
iba a volverse pronto mercancía barata
que ellas eran como nosotros
con sus deseos y melancolías
con sus trabajos y su desengaño.

Y entonces ¿para qué fingirse diosas
si ni ellas lo querían
y para qué tanto suspiro absurdo
tanta mano bellísima frotando en solitario
tanto dedo en saliva
si de la fiesta aquella sólo iban a quedar
algunos viejos cuadros y montones de cajas de sombreros
llenas de fotos ocres junto a discos partidos?

ALGO SUCEDE

*A las compañeras y compañeros con los
que compartí el hospedaje que nos brindaron los Capuchinos de Sarrià durante
tres hermosos días de marzo de 1966.*

Amigos ya lo veis pasan los años
y parece que ahora
sigan las cosas como el primer día.

Nos hemos reunido ciertas veces
en extraños cafés
en tu casa en la mía
hemos charlado largamente
redactado pasquines hasta el alba
discutido el problema
y siempre nos decimos que esto acaba
que no puede durar
y muchos hemos repostado cenas no sé dinero
a que antes de fin de año algo sucede
y siempre hemos perdido.

Así sin darnos cuenta
entre reunión y papeleo oscuro
entre miedo y registros y porfía
hemos envejecido poco a poco
pasando de la calle a la oficina

del calabozo al fútbol
y de la espera a la melancolía.

Y sin embargo os digo que tenemos razón
y que vale la pena continuar
porque algo está ocurriendo
algo ha cambiado en este espeso ambiente:

ellos están cansados
también están cansados
gritan y cantan para no admitirlo
mas sus camisas mudan de color
y duermen mal
y toman pastillitas
ponen dinero en Berna o en Manila
y no saben no saben que el peligro
está cerca muy cerca
no en Cuba ni en Angola
sino en su casa en medio de sus hijos
en sus despachos y hasta en las iglesias
porque el mundo camina
con el paso implacable de hombres como vosotros
que creen en la vida y que por eso
mueven el mundo sin pegar un tiro
mientras sea posible
o bien pegándolo.

MÁS QUE UNA PALABRA

En recuerdo de Oriol, muerto a pocos metros de la libertad.

La libertad es más que una palabra
la libertad es una chica alegre
la libertad es una parabellum o una flor
la libertad es tomarse el café donde uno quiere
la libertad es una perdiz herida

la libertad es negarse a morir en una cama de hospital
la libertad es real igual que un sueño
la libertad aparece y ya no está
la libertad hay que inventarla siempre
la libertad puede ser del esclavo y fallarle al señor
la libertad es gritar frente a la boca gris de los fusiles
la libertad es amar a quien te ama
la libertad es comer y repartir el pan
la libertad es no ocupar asiento en el festín de la ignominia
la libertad a veces es una simple línea fronteriza
la libertad es la vida o es la muerte
la libertad es la ira
la libertad se bebe y se respira
la libertad es cantar en tiempo de silencio
la libertad si quieres será tuya
pero
sólo por un momento
porque cuando la tengas
se escapará riendo entre tus manos
y tendrás que buscarla y perseguirla
por las calles ciudades praderas y desiertos
de todo el vasto mundo
porque se deja amar únicamente por amor por ganas
porque ella
es más hermosa que una pluma al viento.

*Palabras para Julia
y otras canciones* (1979/1994)

PALABRAS PARA JULIA

Tú no puedes volver atrás
porque la vida ya te empuja
como un aullido interminable.

Hija mía es mejor vivir
con la alegría de los hombres
que llorar ante el muro ciego.

Te sentirás acorralada
te sentirás perdida o sola
tal vez querrás no haber nacido.

Yo sé muy bien que te dirán
que la vida no tiene objeto
que es un asunto desgraciado.

Entonces siempre acuérdate
de lo que un día yo escribí
pensando en ti como ahora pienso.

Un hombre solo una mujer
así tomados de uno en uno
son como polvo no son nada.

Pero yo cuando te hablo a ti
cuando te escribo estas palabras
pienso también en otros hombres.

Tu destino está en los demás
tu futuro es tu propia vida
tu dignidad es la de todos.

Otros esperan que resistas
que les ayude tu alegría
tu canción entre sus canciones.

Entonces siempre acuérdate
de lo que un día yo escribí
pensando en ti como ahora pienso.

Nunca te entregues ni te apartes
junto al camino nunca digas
no puedo más y aquí me quedo.

La vida es bella tú verás
como a pesar de los pesares
tendrás amor tendrás amigos.

Por lo demás no hay elección
y este mundo tal como es
será todo tu patrimonio.

Perdóname no sé decirte
nada más pero tú comprende
que yo aún estoy en el camino.

Y siempre siempre acuérdate
de lo que un día yo escribí
pensando en ti como ahora pienso.

LA NANA DE JULIA

Los niños van por la tierra
y las niñas por el aire.
Por el sueño nadie.

Nadie nadie nadie
por el sueño nadie.

Los niños van por la orilla
y las niñas por el agua.
Por el sueño nada.

Nada nada nada
por el sueño nada.

Los niños van por el sol
y las niñas por la luna.
Por el sueño Julia.

Julia Julia Julia
por el sueño Julia.

FALTA MUY POCO TIEMPO

Emilio:
no quiero que te falte una canción
y que mueras de amor sin conocer el grito.

No quiero verte en bata
y abierto por la página trescientas
quiero que escuches la canción del agua.

No quiero que te amargues
enterrado entre fichas y papeles
quiero verte cantando por los mares.

Debes lanzar el grito
y renunciar a la fotografía
—a veces nunca sale el pajarito—.

No quiero verte así Emilio
falta muy poco tiempo para todo
y la voz nunca es tan voz como en el grito.

Los pasos del cazador (1980/1998)

SORPRESA

De rodillas en la hierba
medio inclinada hacia el agua
topé con una mujer
que sus cabellos lavaba.

Era la espuma cayendo
todo lo que la cubría
y al ver mi expresión de apuro
me río de orilla a orilla.

IX

Yo canto
entre los racimos
porque me gusta
ese sitio.

Y canto
porque me escuchen
los que vendimian
conmigo.

Nadie canta
en Almadén
sólo yo
y sé bien por qué.

LAS TORCACES

En Almodóvar del Campo
robles encinas chaparros.

Y como reinas del valle
las torcaces.

A lo más alto se elevan
por burlar las escopetas.

Collar blanco y gris plumaje
las torcaces.

Si tú no quieres ser visto
has de aguardar escondido.

Vuelo para no olvidarse
las torcaces.

La sierra queda mohína
cuando la torcaz emigra.

Lo más airoso en el aire
las torcaces.

LA LIEBRE DE ALMADÉN

Ah los disparos que fallé!
Pero ninguno como aquél.

Acababa de tirar largo
y otra liebre saltó a mi lado.

Tonta arrancó o medio dormida
más de tres kilos pesaría.

Se fue enseñándome el trasero
en un paraje muy abierto.

Con el derecho y amarrando
tiré a menos de quince pasos.

Cuando siguió y tomó la cuesta
yo aún recargaba la escopeta.

Y ahí me quedé igual que un palo:
hasta la perra miró raro.

Tal vez aún corra en Almadén
la puta liebre que fallé.

RACIMO TEMPRANO

Muchacha bonita
racimo temprano
no todas las uvas
se las come el amo.

Ni todas
ni puede ver
las que deja de comer.

Muchacha bonita
racimo temprano
las mejores uvas
se las pierde el amo.

Las uvas
que antes que nadie
los pájaros ya cataron.

Muchacha bonita
racimo temprano
sólo tú eres libre
sólo tú sin amo.

Libre sí
porque prefieres
el que te gustó y te entiende.

LAS HOJAS

Con el otoño las hojas
se van como algunos pájaros:
fíjate en los cerezos
y en los álamos.

Pardas o grises las hojas
se esconden como los pájaros:
fíjate en los jardines
y sembrados.

Con el otoño las hojas
se escapan hacia otros campos:
blancas o rojas revuelan
como los pájaros.

BURLADORA DEL VIENTO

En seguida te escondes
compañera sin nombre.

Subiendo tú te escapas
dueña de cumbres altas.

Cuando bajas te pierdo
burladora del viento.

Y en el río te entregas
como si no quisieras.

EN EL RÍO DE CORIA

Coria tiene siete fuentes
y una Catedral muy grande.

> En el río de Coria
> los alcaravanes.

Coria tiene una muralla
y mujeres de buen aire.

> En el río de Coria
> los alcaravanes.

Coria tiene gran mercado
muchas plazas y un alcalde.

> En el río de Coria
> los alcaravanes.

Coria tiene la tristeza
de una muchacha sin padre.

> Y en el río de Coria
> los alcaravanes.

A PORTUGAL NO

Cazador que persigues
la hermosa liebre
no cruces la frontera
que no se puede.

No pises esa raya
buen cazador
que a Portugal no puedes
a Portugal no.

Cazador que cobraste
la liebre aquélla
si en Portugal te pillan
¡ay la escopeta!

No pises más la raya
mal cazador
que a Portugal no puedes
a Portugal no.

HA VUELTO EL GATO

Se salió el gato
por la gatera
y con hoy lleva
seis días fuera.

Vuelve mi gato
que los ratones
están bailando.

Por azoteas
y por tejados
en mal de amores
andaba el gato.

Vuelve mi gato
que los ratones
están bailando.

Al fin su amiga
le dijo basta

y así el taimado
tornó a la casa.

Ha vuelto el gato:
ya los ratones
no están bailando.

BONITA Y NEGRA

Porque tienes la piel negra
te dicen fea.

Y tú dando explicaciones
bonita fea.

Que así te volviera el sol
y antes no lo eras.

Que tú naciste muy blanca
y el aire quema.

No te sigas disculpando
bonita fea.

Hay pueblos donde las diosas
también son negras.

Más que tú fea bonita
bonita y negra.

LOS MOMENTOS DE LA PERDIZ

En lo blanco blanco
de la flor de jara
sobre los jarales
la perdiz escapa.

Cantó al alba la perdiz
más le valiera dormir.

En lo verde verde
de la verde encina
por los encinares
la perdiz herida.

Cantó al alba la perdiz
más le valiera dormir.

En lo negro negro
de la negra estepa
hallarán los perros
a la perdiz muerta.

Cantó al alba la perdiz
más le valiera dormir.

LA CALLADA

Aquella mujer callada
me encoge el alma.

Un cazador que aquí estuvo
se la llevó a tierra extraña

Y también se fue mi calma
con la callada.

LA CHANA

No sé qué te pasa
tienes mal talante
¿o serán los tratos
que te da tu amante?

¡Ay Chana
cuánto te gustan
las avellanas!

No sé qué te pasa
tienes mal color
¿o serán los tratos
que te da tu amor?

¡Ay Chana
cuánto te gustan
las avellanas!

No sé qué te pasa
parece un castigo
¿o serán los tratos
que te da tu amigo?

¡Ay Chana
pero cuánto te gustan
las avellanas!

SE ACERCA LA VEDA

Todo señala ya el cierre
y no sólo las torcaces
que van del Sur al Noreste.

Mira el color de la jara
mira el cerezo vistiéndose
el matorral y el sembrado:
todo señalando el cierre.

El tiempo nuevo que viene
sube como las torcaces
desde el Sur hacia el Noreste.

Y ORILLAS ALEGRES

No quieras hablarme
ahora aquí en la plaza:
luego van y cuentan
líos en mi casa.

Estaré mañana
junto al Matachel
a eso de las doce
si me quieres ver.

Hay juncos y helechos
y césped tupido:
orillas alegres
de amor escondido.

¿Que cómo lo sé?
¿Qué puede importarte?
Me lo explicó todo
mi prima Isabel.

LA CIGÜEÑA

El buen tiempo viene luego
con plumaje blanco y negro.

Corre corre corre
la cigüeña está en la torre.

Si yo fuese rana o sierpe
me iría cuando ella vuelve.

Corre corre corre
la cigüeña está en la torre.

Con ramas y arbustos finos
recompone el tosco nido.

Corre corre corre
la cigüeña está en la torre.

Pues la cigüeña está aquí
sale Marzo y llega Abril.

Corre corre corre
la cigüeña está en la torre.

LLEGADA DE LA PRIMAVERA

>   Salió la amapola
>   en el trigo nuevo:
>   contempla su luz.
>
>   Entre blanco y lila
>   floreció el ciruelo:
>   contempla su luz.
>
>   Las hojas del chopo
>   son de un verde fresco:
>   contempla su luz.
>
>   También tú cambiaste
>   después del invierno:
>   contempla tu luz.

A veces gran amor (1981/1991)

A VECES

A veces

    alguien te sonríe tímidamente en un supermercado
    alguien te da un pañuelo
    alguien te pregunta con pasión qué día es hoy en la sala de espera del dentista
    alguien mira a tu amante o a tu hombre con envidia
    alguien oye tu nombre y se pone a llorar.

A veces

    encuentras en las páginas de un libro una vieja foto de la persona que amas y eso te da un tremendo escalofrío
    vuelas sobre el Atlántico a más de mil kilómetros por hora y piensas en sus ojos y en su pelo
    estás en una celda mal iluminada y te acuerdas de un día luminoso
    tocas un pie y te enervas como una quinceañera
    regalas un sombrero y empiezas a dar gritos.

A veces

    una muchacha canta y estás triste y la quieres
    un ingeniero agrónomo te saca de quicio
    una sirena te hace pensar en un bombero o en un equilibrista
    una muñeca rusa te incita a levantarle las faldas a tu prima
    un viejo pantalón te hace desear con furia y con dulzura a tu marido.

A veces
>explican por la radio una historia ridícula y recuerdas a un hombre que se llama Leopoldo
>disparan contra ti sin acertar y huyes pensando en tu mujer y en tu hija
>ordenan que hagáis esto o aquello y en seguida te enamoras de quien no hace ni caso
>hablan del tiempo y sueñas en una chica egipcia
>apagan las luces de la sala y ya buscas la mano de tu amigo.

A veces
>esperando en un bar a que ella vuelva escribes un poema en una servilleta de papel muy fino
>hablan en catalán y quisieras de gozo o lo que sea morder a tu vecina
>subes una escalera y piensas que sería bonito que el chico que te gusta te violara antes del cuarto piso
>repican las campanas y amas al campanero o al cura o a Dios si es que existiera
>miras a quien te mira y quisieras tener todo el poder preciso para mandar que en ese mismo instante se detuvieran todos los relojes del mundo

A veces
>sólo a veces gran amor.

ESCUCHA ABANDONADA

>Envuelta por el aire
>de la mañana en fiesta
>entre música voces
>alegría y campanas
>olvídate del nombre
>que hasta ayer te seguía
>como una desventura:
>canta juega sonríe
>apuesta a no acertar

para irte así habituando
a ese sabor amargo
que se llama tristeza
y que aparece siempre
cuando el amor se va.

HAZLO AHORA

Muchacha si le amabas
no te vayas así di que te esperan
que debes regresar pero que estás
alegre por las horas que has vivido
como dentro de un sueño;
declárale que a veces pensarás
en su rostro de lluvia
en sus papeles o en su fantasía:
hazlo ahora aún es tiempo
ya que quizá algún día mientras busques
amparo en otros brazos
te acuerdes de él con repentino amor
y no puedas llorar aunque lo intentes.

EL BUEN AMOR

Pared contra pared la soledad más fea
        y amarilla
te encerró te apartó de todo lo que amabas
        o era tuyo
      y con pasos de zorra

se metió en el reloj y empezó a trastocar
       todas las horas
para que no supieses ni pudieras notar
       que terminaba
     tu tiempo en el festín

y así fue como un sucio desaliento se echó
sobre tus hombros
tal un pájaro enorme en una madrugada
sórdida y cruel
con aires de desgracia

y fue entonces recuerda cuando en el abandono
o desamor
pronunciaste su nombre repetiste su nombre
como un niño
perdido entre la sombra.

Por azar o conjuro tal nombre te ha devuelto
a los días
de la más clara luz y ahora notas la brisa
el fresco olor
de un sitio que conoces

de una casa rodeada de flores y senderos
donde el sueño
cruza por galerías altísimas y blancas
como velas
de un navío al largar

y jugando te ocultas al final de un pasillo
y aguardas
que llegue la muchacha que quieres y la asustas
con las hojas
de un ramo de laurel

y cuando ella se ríe contra tu pecho huérfano
ya sientes
que su piel y su pelo tienen gusto de mar
que está temblando
y que sus labios queman.

Ahora ya no despiertas en horas miserables
cuando un frío

de angustia estremecía la noche en bancarrota
                acuchillando
        tu cansancio hasta el alba

ni tienes pesadillas o apariciones súbitas
              ojos sin rostro
de personas que amabas y desaparecieron
              alejándose
        tal faros en la niebla

y tampoco es preciso que cuentes hasta mil
              o que enciendas
todos los cigarrillos que tu insomnio pedía
              para alcanzar
        la total desmemoria

ya que todo es distinto cuando ella está contigo
              cuando sientes
que respira en la almohada junto a ti y que sus manos
              te acarician
        mientras el sueño cae.

No quieras indagar deja perderse el humo
              el turbio vaho
de años de penitencia: un tiempo que fue tuyo
              y que ahora
        no reconocerías;

sube hasta los balcones de la mañana y canta
              canta sin más
a la esperanza al viento a los caminos que aquí
              te devolvieron
        por conjuro o azar

y dile a esta muchacha lo que antes no sabías
              cuéntale
que cruzabas perdido por lugares sin nombre
              que fuiste
        enfermo y ella te sanó

que escuchando tu voz te sientes renacer
y amas la vida
porque te ha dispensado la fortuna y la gracia
de conocer
el hondo el buen amor.

Sobre las circunstancias
(1983/1990)

ES NECESARIO

Para que surja un artista es necesario
que concurran algunas circunstancias como éstas:

que su familia esté bien avenida
que la madre no cuente sus desastres
que el padre deje de comportarse como un bestia
que el tirano de turno ame los libros
que los periodistas sean misericordiosos
que nadie defraude las esperanzas
que no se hable de derechos humanos
que cierren los colegios y las cárceles
que todo el mundo pueda pisar el césped
que ningún hombre quiera salvar a los demás.

Y en fin para que surja un artista se precisa
que nazca un niño y luego no muera del disgusto.

SOBRE LOS GRANDES HOMBRES

Sobre los grandes hombres siempre hay ciertos detalles
que se ocultan en los textos y en las biografías
para evitar que los padres se escandalicen
al pensar que sus niños los puedan llegar a conocer.

Alejandro fue un mal alumno de Aristóteles
Diógenes fabricó moneda falsa

César usó peluca y se vestía de matrona romana
Carlomagno era un liante de cuidado
Alfonso el Sabio compartió amante con el rey de Murcia
Petrarca tuvo dos hijos de madre desconocida
Colón trabajó a porcentaje y no fue nada claro con las cuentas
Catalina la Grande era superficial en sus juicios políticos
George Washington especuló con terrenos en Virginia
Carlos Marx no podía ocultar ciertos rasgos de avaro
Victor Hugo fue un miserable
Wagner odiaba desaforadamente a los judíos
Einstein fue un aprensivo en cuestión de alimentos
Martin Luther King no fue tan negro como ahora se dice.

Muchos niños dejarían de odiar así a los grandes hombres
al advertir sus rasgos y costumbres de gente muy normal.

UN OFICIANTE

Ved al artista oídle
triunfando en la tertulia entre sus huestes.
Se repite y lo sabe y también ellos:
es la triste liturgia
de las mismas palabras y los gestos
en la consumación. Defiende el reino
que un día fuera suyo
dictando con rigor en sus fronteras
pero la edad desciende
entre la arena de un reloj cruel.
Cucharillas y tazas
trivializan el tono y las maneras
del gallo desplumado y retador.

VIDA DEL DELINCUENTE

El hombre entró en el bar. Yo estaba
repasando las pruebas de aquel libro
que debía entregar a mi editora.
Me fijé en él: muy pulcro y mesurado
pasito corto y piernas temblorosas;
avanzó hasta la barra y esperó
sin gestos ni palabras
la complacencia de algún camarero.
Perfecto el tipo: unos cabellos ralos
le cruzaban la frente cuidados con amor
y él se ajustaba la chaqueta
como quien entra al baile.
Camisa a topos rostro sonrosado
cadena de oro —me lo sospechaba—
y un aire del que ha sido
el primero de clase en su colegio:
siempre desconfié de gente así.
Pidió agua mineral con un susurro
y entonces comprendí: el clásico abstemio
sin duda un prestamista o un gestor
de la misma calaña que el loco de Amsterdam
o que el violador del Mississippi.
Fichado. Ya tranquilo regresé
a las líneas del libro hasta escuchar
la voz de mi editora ante la mesa.
Daba el brazo a aquel monstruo. ¿Le conoces?
Se sentaron y hablamos. Él era
un hombre encantador y un buen marido
se hicieron novios en un parque público
le encantaba la música... Por fin
pagó y yo entregué el texto. Cuando se iban
rumor de adioses y batir de alas.
Desde ese día mando a mi editora
todas las correcciones por un propio

y evito siempre el bar
dando extraños rodeos igual que un delincuente.

CANCIÓN DE UN ESCRIBA EGIPCIO
DE LA SEXTA DINASTÍA

Cuando te conocí
eras un joven tímido y delgado
que te sentabas siempre en los peldaños de la escalinata
de la plaza de Memfis
a escuchar a los viejos artesanos y a los cinceladores
y tus ojos brillaban igual que los del zorro
cuando oías hablar de los enormes templos de Sakkara
de la hermosa pirámide que conserva los restos
del Faraón Zoser
y de Imhotep su autor hijo de Ptah y Sejmet
adorado como ellos desde el Gran Mar a Lischt.

Nos hicimos amigos y muy pronto
ya estabas explicándome tus primeros proyectos
para cambiar la forma de calles y edificios
y para ello buscaste las manos más expertas
contratando geómetras
y dibujantes suaves como cisnes
y me encargaste a mí
que tradujera en signos mis sueños y obsesiones
y te ilustrara sobre el arte antiguo.

No pasó mucho tiempo sin que audaces mastabas
y edificios insólitos y esbeltos
proclamaran muy alto en la ciudad y el valle
tu nombre hecho ya piedra
y nosotros —tus ojos tus manos tu memoria—
te seguimos unánimes
pues nos apasionaba la armonía.

Ahora ya han transcurrido varios años
trabajas duramente duermes mal

estás siempre nervioso y hostigándonos
gritas como una perra
te sofocas lo mismo que un esclavo
tienes prisa y temor de estar envejeciendo
porque ansías más gloria y más poder
a pesar de que el mismo Faraón te ha llamado
para que construyamos su palacio en el río.

Yo te quería artista y NO MARCHANTE:
por eso aguanté poco; quede claro.

SOLUCIÓN DE UN PROBLEMA

Para olvidar un amor desgraciado
la muchacha se dio a otros hombres
y ahora ya no recuerda aquel amor
porque confunde todas sus desgracias.

FECHA MEMORABLE

El día que aquel necio te dejó
tuviste mucha suerte. Piensa que ahora
no desconoces ya su poquedad
y señala esa fecha con una piedra blanca.

ÉXITO DE UN POEMA

Escribiste un poema a fin de cautivar
a una muchacha y el resultado fue
que la muchacha se enamoró perdidamente
del mensajero que le entregó el poema.

AGRAVIO PÚBLICO

El General fue un hombre odiado
y aún sigue aquí su estatua ecuestre:
es indignante y no por su crueldad
sino porque él fue siempre un pésimo jinete.

EL SHOW

Desde lo más lejano y más oscuro
de las edades ha llegado

               el show

luciendo el arco iris de sus telas
moviéndose bonito

               por favor.

Subió las escaleras de la vida
con sombrero y zapatos

               de charol

al ritmo entrecortado de una danza
de fuego y de metales

               corazón

corazón loco que se fue bajando
por el río hasta Menfis

               qué calor

que se metió después en Babilonia
y alborotó la Historia

               como un dios.

¡Ay muchacha muchacha que no bailas!
Ni un solo pueblo sin bailar

               quedó

pues los griegos sacaron sus guirnaldas
sus aceites y velos

               para el show

y en Roma las matronas más honestas
perdieron el recato

               se acabó

se acabó el mejor vino en Tarragona
y también en las Galias

               el horror.

Y el show con sus mil vidrios de colores
por el Imperio abajo

               resbaló

volvió a tensar en África sus cuerdas
cambió la piel gastada

               del tambor

escondió en la bolsita algún remedio
para alejar los males

               de su voz

y atravesando el mar como un esclavo
se arrancó los grilletes

               y danzó.

Ya en el Caribe se oyen sus compases
blancos y negros vibran

            con el son

el show se ha vuelto pura fantasía
de saxos y guitarras

            y bongós

y estrena ritmos luces y collares
y suspiros y faldas

            sí señor

y hace temblar las salas y los patios
y brinca por la calle

            te picó

te picó el alacrán que a todos pica
sean chicos o grandes

            ay doctor

en las casas abrieron los portales
hasta los ciegos quieren ver

            el show

esto es algo increíble caballeros
algo tremendo

            la revolución

las mujeres se han puesto de repente
todos los hierros por lucir

            mejor

mientras rasga la noche una trompeta
y en el pecho y los vasos

                canta el ron...

¡Ay muchacha muchacha ven al baile!
Claro que hay sitio para ti

                mi amor

el show viene de lejos y va lejos
no se termina nunca

                la función.

Final de un adiós (1984/1998)

NADA MÁS

El aire de los chopos
y vuelvo a recordar.
En un día de marzo
te fuiste. Nada más.

Una sonrisa tuya
o un gesto. Claridad
como la de tus ojos
no he visto. Nada más.

Luego días de ira
dolor y adversidad.
Y en medio de la noche
tu estrella. Nada más.

Por su fulgor perenne
contra la eternidad
te ofrezco unas palabras
de amor. Y nada más.

LA FLOR DE LA JARA

Yo amaba a aquella casa
sin vientos de desgracia.

Era como mi alegre
posesión transparente.

Como la flor blanquísima
que en los jarales brilla.

Tal vez yo por entonces
desdeñara a los dioses.

Pues ni ellos habitaban
en regiones tan claras.

Y así como un castigo
perdí lo que era mío.

Un fuego despiadado
prendió en aquellos campos.

Después no quedó nada.
Ni la flor de la jara.

AMAPOLA ÚNICA

Por la ira fui un niño sin sonrisa
un hombre derrotado.
                    Cuando pude
me acerqué hasta el refugio de los míos
me armé de orgullo y además
de odio hacia las banderas de aquel crimen
de asco a sus uniformes y a sus cantos
de falso alegre paso de la paz

pues la paz me la habían quitado
cuando yo la tenía
                y era más hermosa
que una amapola única en medio de un trigal
o de un desierto.

                Y no quise callarme
ni dejarlos tranquilos con su fúnebre paz

pues ya mi sitio
                    estaba en otro lado
enfrente enfrente con los compañeros
terribles y obstinados.

UNA VOZ O UN GESTO

Los recuerdos de amor —no
los de espanto— se escapaban
por caminos cambiantes como azogue:
no poderlos fijar me parecía
más cruel que la explosión
que el bombardeo.
                    Y para no sufrir
tratando inútilmente de recuperarlos
preferí muchas veces
salir a media noche y escribir
con lápiz rojo en las paredes: *muera
el tirano abajo los...*
                    Así evitaba
seguirte hasta el inhóspito desmonte
y detenerme allí.
                    Aún hoy
pasados tantos años si no puedo
revivir una voz o un gesto tuyos
me imagino que sigo
pintando en rojo todas las paredes.

EN TIEMPOS DE INCLEMENCIA

Tal mercader que huyendo del saqueo
busca lugar donde esconder sus bienes
así quise hacer yo:
salvar lo mío en tiempos de inclemencia.

Y enterré en lo más hondo horas e imágenes
sueños guardé.
                Pero después la lluvia
borró el camino y no encontré el tesoro.

LA MARCA DEL RÉPROBO

Como gentil al que hallan
sentado por error en las escalinatas
del templo
             así fui abochornado.

Y porque siendo de esta misma tribu
ni me humillé ni quise
aceptar la impiedad
                me señalasteis
con la marca del réprobo.

                       ¡Ah traed
el vino y acercaos!
              Deseo
veros el rostro y escuchar
de nuevo vuestros nombres
y no para vengarme
sino tan sólo por saber
si aún conserváis la fe en aquel
dios de la muerte y la desolación
vosotros
           sus lacayos
después de transcurrido tanto tiempo.

MISERICORDIA

Misericordia a la que llaman
atributo o virtud de un dios antiguo
y madre del sosiego
¿dónde

estabas que yo no te encontré
en ninguno de mis caminos
y jamás pude ver tu rostro?

Si para alguien existes
no ha sido para mí
no te conozco aunque te llame
te necesite y quiera
sentir tu manto sobre mi desgracia.

Extraña
      acude ya
y borra de mi frente la señal del rencor.
Escúchame
            vuelve hacia mí tus ojos
y alivia con un bálsamo de gracia
todo este desamor
                    misericordia.

RATA CIEGA

Medio dormido creo
que otra vez te me acercas de puntillas
que acaricias mi pelo
mas cuando aguardo que hables nada escucho.

Me incorporo y enciendo
la luz: siempre estoy solo.
                        La almohada
me mira desde el suelo y las mantas
se burlan de mí.

            De esta manera
voy aprendiendo muy penosamente
los ritos de la noche sus engaños
que cada vez repite diferentes.

OH ENCUBRIDORA

Pesadumbre que llegas otra vez
y ya te fuiste
         dime
oh encubridora
              si todas las imágenes
de lo que fue mi vida
y que en las turbias noches tú me muestras
temblando como llama de candil
multiplicada en un espejo roto
y que de pronto escapan como lagartijas
trepando por los muros del jardín
de una casa sin amo
             dime ya
¿podré leer alguna vez
el libro de la vida? ¿estaré allí
apuntado con mi nombre? ¿mi pasado
es el mío o será todo esto un gran error
un cambio en los papeles
y alguien me puso en el lugar de otro hombre
de un desgraciado al que odio y no conozco?

LA HORA DEL ZORRO

La noche y su cortejo.
                    Alguien
araña en el cristal: no abras
es el viento.
             Refúgiate en ti mismo
y huye de evocaciones que te empujan
a un tiempo que no existe.
                    Porque luego

llega la hora del zorro
                    la hora de salir
y meterte otra vez en esta vida.

EL CAMPO DE ARRIBA

Yo imperaba detrás de una cerca. Yo
tenía un caballo en aquel reino
y también una espada. Yo
poseía toda la vastedad del prado
hasta el campo de arriba
hasta el palacio de fantasía y ramas
y tú que eras la reina
me concedías todo aquel dominio
me amparabas
                    venías a buscarme
a la hora del pan con chocolate
o cuando oscurecía.
                    Nunca más
he sentido el orgullo del poder
como allí lo sentía porque aquél
era un feudo tan bello como el aire
como una flor de otoño y sus fronteras
tú me las señalabas
con la voz con el gesto
de tus brazos tendidos cuando yo regresaba.

NUNCA VI TAL DONAIRE

El brillo de la luz en los cabellos
las olas salpicando el traje lila
alegría en los ojos
y tu figura erguida contra el cielo y la espuma.

Nunca vi tal donaire
ni más delicadeza jugando con el mar.

Y CLARIDAD SU REINO

La flor crece y se agosta
el ala de verano brilla y pasa.

¿Y quién podrá decir
que las sombras no huelen a dondiego y a mar?

La evocación perdura
                    no la vida.

Sea fragancia el tiempo del no ser
y claridad su reino.

El rey mendigo (1988)

MARCIAL ENTRE EL AMOR Y LA MISERIA

No: no puedes irte. Debes terminar
los escritos que tienes empezados
y has de quedarte aún. Tú sabes bien
cómo ahuyentar las sombras con esa lamparita
que ilumina de noche los papiros
del libro en que trabajas. Emplea si es preciso
los trucos que conoces: sahumerios
y filtros y oraciones
y que el vino no falte o adopta tu papel
de viejito capaz de dar amor
pues quieres oh hijoputa te devuelvan
centuplicado para así ir colmando
tu vanidad. Pero no te descuides:
pronto no encontrarás quien quiera desvestirte
ni traerte más tinta o más aceite
ni compartir contigo las cenas y el desvelo
ni charlar de la vida o leerte unos versos
ni ayudarte a dormir antes que llegue el alba.

No: no debes marcharte porque aún
no te llegó el momento que anuncia la catástrofe
ese final de zorro gastado y solitario
que merodea ciego entre los pajonales
quemados del verano en busca de un lugar
donde tenderse ya.
                Entre amor y miseria
has perpetuado aquí tu paso con palabras
tal huella de una mano rupestre en rojo oscuro

pero puedes ahora hacer sentir pasión
a una muchacha que tal vez te lea
muchos años después de que hayas muerto.
Aunque andes renqueando te ayudará a seguir
toda la envidia cárdena del gran anfiteatro:
los cientos de miradas que acuchillan
tu toga entre las otras y desean
hablar de ti en pasado. Pero aún
hay veneno y jazmín en tu tinta: y ni la muerte
les va a librar de tu arte despiadado y purísimo.

CASA QUE NO EXISTE

Si dicen que le enferma la nostalgia
él piensa: ¿La nostalgia de qué?
¿De una vida partida en dos pedazos?
¿De un jardín que hoy no tiene? ¿De unos
años terribles? ¿De un par de pantalones color rata?
Solamente de niño vivió algo así como una
fiesta muy breve aunque él ahora en sueños
quiera alargarla
         hacerla inacabable
para pensar en cosas diferentes y gratas
como hace un estudiante de cara a la pared.

El miedo a no ver más a quien amaba
se inventó una presencia al otro lado
de esa puerta que se abre
tan sólo para adentro pero allí
no había nada más que sucia sombra
de vacío y un eco que le hablaba
con sus propias palabras y traía
reminiscencias de una edad de espantos.

Él cruza de su ayer a su mañana
como sobre la cima que parte dos vertientes
obseso por rehacer las casas y castillos

que las guerras y el viento derribaron
para borrar así y confundir los días
y detener el tiempo antes que el tiempo
le detenga a él.
                ¡Oh absurdo y extraviado
rey mendigo que nota en las espaldas
el frío de su noche a la intemperie
y sigue caminando desnortado
y a punto de caer en uno u otro abismo
mientras busca las luces de una casa
que sabe que no existe!

MIENTRAS LOS AUTOBUSES
AQUIETAN LA CIUDAD

De puntillas llegó y sigilosa ha entrado
cuando tras ella la ciudad se hundía.
¿Alguien la habría visto?
                        Aquí
todo está en orden y la gente duerme;
y en la cocina misma los platos están puestos
la cafetera llena para desayunar.
Se quitó los zapatos y ha dejado el abrigo
en el perchero.
                Ahora cierra las puertas
de la sala de estar y pone un disco.
Tendida en el sofá sin sueño aún
repasa una vez más sus sentimientos;
se acaricia los brazos, las rodillas, el pelo
y empieza a desvestirse. Como un río
de aguas tenues la inunda: la ilusión
de una voz entre otras.
                      Y se inventa
palabras que pudieron expresar los momentos
de ternura que hasta hoy jamás sintió.
Mientras los autobuses aquietan la ciudad
va cayendo Albinoni como cayó su ropa

y enciende un cigarrillo para ambientar así
el aire de la sala sobre su tibia piel
y se prepara un trago.
                Dentro de pocas horas
todo vuelta a empezar: bebe a sorbos muy lentos
y sigue acariciándose.
          Al cesar
la música que ama y cuando acabe el vodka
quedará un largo viaje hasta la habitación
hasta la soledad de una cama vacía.

Ya recoge sus prendas de vestir
y limpia el cenicero y el vaso bajo el grifo:
todo en orden.
           ¿También su corazón
lleno de sobresaltos tan recientes?
En el cristal del baño percibe lo que es:
una absorta mujer amedrentada
que descubrió algo tarde la pasión quinceañera.

La noche le es propicia (1992)

SU CASA SOSEGADA

El deseo convoca perdición.
Eso bien lo sabía
aunque ahora tiene ganas de perderse.

Imaginaba que era la muchacha
que reía en el parque
jugando al que te pillo que te mato.

¿Había mayor modo de desvío
que incitar a un extraño
del que tan sólo el nombre conocía?

Entraron en un bar: es un momento;
y se va hacia el teléfono
en ansia y en temores confundida.

Cuando volvió traía nueva luz
en el rostro. La amada
dejaba ya su casa sosegada.

EL REINO DEL ESPLENDOR

En la cumbre de la alegría;
por el río de la dulzura
junto a la umbría deleitable
sobre el reino del esplendor:

tales lugares deseaba
a quien le dijo solamente
que iba con él a donde fuese
sin preguntarle si quería.
La miró mientras caminaban:
está jugando a formar aros
con el humo del cigarrillo;
tiene un aire de colegiala
cometiendo una diablura
en plena calle y a horas altas;
pero su paso es mesurado.
No puede haber nada tan bello
aunque es de noche. Ahora se alza
de puntillas para besarle.

TAL SI FUERA INCIENSO

No molestar. No estaban para nadie
sino para ellos mismos.
Valga una eternidad cada momento
de la noche que viven.
Amar es una fiesta: aguarde el día
en alumbrar sus rostros;
ellos tienen la luz entre los brazos.
Y se miran y miran
sus ojos y sus cuerpos y ademanes
y el humo que se expande
en espirales tal si fuera incienso
de la celebración.
No molestar. En medio de los ruidos
de la ciudad inquieta
los amantes no están para otra cosa
sino para ellos mismos.

Y SALUDA A SU AUSENCIA

Noche de los amantes: la seducen
los momentos que vive. Ahora se mira
acaricia su cuerpo muy despacio
mientras piensa por Dios que aún es hermosa.

Noche de los amantes: él se acerca
la abraza por la espalda ante el espejo
y así enlazados van a la vidriera.
Puso la mano ahí: tacto y dulzura.

Noche de los amantes: ella observa
la ciudad ardiente y cree ver su casa
lejos entre otras muchas. Mueve un brazo
y saluda a su ausencia. Y se estremece.

LA NOCHE LE ES PROPICIA

Todo fue muy sencillo:
ocurrió que las manos
               que ella amaba
tomaron por sorpresa
su piel y sus cabellos
              que la lengua
descubrió su deleite.
¡Ah detener el tiempo!
                Aunque la historia
tan sólo ha comenzado
y sepa que la noche
            le es propicia
teme que con el alba
continúe con sed
          igual que siempre.

Ahora el amor la invade
una vez más. ¡Oh tú
              que estás bebiendo!
Apiádate de ella
su garganta está seca
              ni hablar puede.
Pero escucha su herido
respirar; la agonía
              de un éxtasis
y el ruego: no te vayas
no no te vayas. ¡Quiero
              beber yo!

LO DEMÁS ES ENGAÑO

Privada de sus propios pensamientos
oye su misma voz
revive su temblor ante el azogue
y lo nota en la piel
estremecida por las tenues aguas
que todavía fluyen.

Él divaga también: respira hondo
como quien ha cruzado
una extensión inmensa a campo abierto
y vive el sobresalto
de las hermosas tempestades súbitas
que alumbraran la senda.

A lo lejos se escuchan ahora lentas
campanadas de sombra.
Noche de los amantes: un abrazo
y el mundo vuelve a andar.
Sobran palabras pero no extravío.
Lo demás es engaño.

COMO SI FUERA UNA TORMENTA

Cuando el agua bajo la ducha
la sacó de su aturdimiento
a ojos cerrados creyó ver
miles de gotas presurosas
salpicando toda su infancia
como si fuera una tormenta
de algún lejano veraneo.
En la estancia que les conduce
por los caminos de la noche
pide que seque sus cabellos
como le hacían cuando niña.
Luego corre hasta la ventana
y se encara al cielo asombrado:
estas horas pasarán pronto
llegará el día y el adiós
y quedará sólo la ausencia.
El frío roza su piel húmeda.

ELLA TAMBIÉN ERA SU BOCA

Medio envuelta en una toalla
con los labios aún temblorosos
y la mirada confundida
por los momentos que vivió
recordaba a la adolescente
que quería entender su cuerpo.
¡Cuánto tiempo para saber
que ella también era su boca
y sus rodillas y su fiebre
y sus dedos desesperados!
Ahora roza la piel que ama
y que responde a su caricia:

es la piel que la ha conducido
de las tinieblas al fulgor.

EL QUE CUENTA LAS CAMPANADAS

El amante de medianoche
el que ansió que ella le siguiera
el que cuenta las campanadas
como un enfermo desahuciado
el que pone cara de cárcel
cuando se mira en el espejo:
es el furtivo que no duerme
acechando a su compañera
y ella es feliz porque ahora vive
una noche tan inefable
y tan honda como la muerte.

ERA COMO LA LUNA

Era como la luna: deslumbraba
    si un afán la encendía
y se ocultaba en los momentos feos
    de duelo y desamor.

Y crecía o menguaba según fuesen
    jubilosas o aciagas
las horas que la noche le ofrecía
    jugando con la suerte.

Toda era vértigo ansiedad y gracia
    cuando se conocieron:
a él le pareció hermosa y la mujer
    sólo miró sus ojos.

Pero ocurrió que cuando se abrazaron
    fuego era todo: ardía

el aire que enlazaba los dos cuerpos
  y las dos esperanzas.

¡Oh mujer de la noche! No te apartes
  del hombre que se inventa
maneras de alumbrarte cuando menguas
  y te haces luna nueva.

ASÍ EL DESEO RECOMIENZA

Falta mucho para llegar
al momento de los adioses.
¿Por qué dormir si es alborozo
permanecer los dos despiertos?
Nunca es igual un episodio
a otro episodio de la noche
y así el deseo recomienza
como si nada hubiera sido.
El ruido sordo de la calle
se parece al de un mar calmado
cuando muere sobre la arena.
Él olvida que ha de marcharse
y la mujer sólo quisiera
seguir jugando a ser más niña.

LE OBLIGA A QUE LA MIRE

Es fruto agraz al paladar
y sedoso para los labios
que han conocido su contorno
y percibieron la afluencia.

Ella jugaba aquella noche
cautivada por la ternura
de una voz que a su decisión
sólo dijo: si tú lo quieres...

Ahora le obliga a que la mire
para que vea lo que es suyo
y lo que luego ha de perder
cuando se aparte de sus ojos.

ERA COMO IR HACIA LA MUERTE

La enamoraban los caballos
aunque jamás montó ninguno
pero quiere ser amazona
por vivir esa fantasía.

Campos secretos la esperaban
y praderas desconocidas
pues nunca así alumbró la fuente
de su anhelo y su desconcierto.

Se erguía sobre la cintura
sus rodillas ciñó y alisa
los cabellos hacia la nuca
como dándole cara al viento.

¡Por Dios! Ahora galopaba:
era como ir hacia la muerte.
Al llegar la caballería
manaba el agua de la fuente.

PALABRAS NUNCA DICHAS

No sabía decirlas
                    no podía
porque jamás las pronunciara
                                antes
juntas así. La angustia
                    la mataba

    imposible aguantar
                      aquel anhelo
que era dolor cruel
               de tan agudo.
Y las palabras nunca dichas
                        fueran
el único remedio
            en aquel trance
que alteraba su cuerpo:
                  de la piel
hasta lo más profundo.
                    Con voz rota
ella pide: oh tú
        por caridad
ayúdame a decirte que...
                    Palabras.

HOY REGALO DEL AIRE

Y le dice que cuando niña fue
muy bella; y debió serlo
pues todavía hiere. ¡Ah infortunada
rompe las ataduras
que humillaron tu cuerpo desafecto
hoy regalo del aire
y de los ojos que por ti ya velan!
Todo lo que ahora sientes
no es sólo desagravio a tantas noches
de hastío y desamor
sino lo que querías que brotase
como la flor de jara
súbita en los confines del invierno
con el claro esplendor.

AL OTRO LADO DEL ESPEJO

Desearía estar con él
al otro lado del espejo
por resultar así los dos
espectadores de sí mismos
de su deleite y ademanes
de su antojo y su privación.

Desearía estar con él
al otro lado de la sombra
en donde todas las palabras
se confunden en una música
que rodea a los que se aman
de armoniosa sonoridad.

Desearía estar con él
al otro lado de la vida
de la edad y del desengaño
fijos los dos como en el lienzo
de Apolo y Dafne: ella hecha árbol
y él aferrado a su pasión.

EL REVUELO DE SUS CABELLOS

Porque fue triste cuando joven
siempre pensó que alguna vez
iba a sentir la suavidad
de una mirada de unos labios
sobre su piel desheredada.
Pero los días ensuciaron
sus esperanzas sus zapatos
con el polvo del abandono
que hallaba en todos los caminos.

Hoy la anarquía de las sábanas
y el revuelo de sus cabellos
la devuelven a la alegría
de una infancia entre los olores
de un jardín que nunca olvidó
desde el que oía oscuros trenes
que escapaban hacia la noche.
Y ahora descubre que ese roce
de unos labios sobre sus labios
es la enmienda que le atribuye
algún dios o tal vez la suerte
por tantos años desabridos
sin escuchar aquellos trenes
ni ser feliz entre la sombra.

LA FUENTE PERDURABLE

Se estremeció al contacto de las manos
y ofrecía su cuerpo al alfarero
que ella siempre anheló: primero el rostro
después el talle luego las rodillas.

¡Oh sí! Mujer de barro que se vuelve
cántaro de aguamiel vasija húmeda
copa de vino para los desmayos
maceta de albahaca taza honda

cáliz de olor jofaina regalada
pila bajo la fuente perdurable
lamparilla de aceite que alumbrara

noches sin sueño y páginas de un libro
que está por escribir. ¡Oh sí; ser barro!
Barro que ha descubierto a su alfarero.

TACTO Y AIRE FINO

Toda la noche comenzaba todo
toda la noche amor.

Toda la noche claridad y vehemencia
toda la noche amor.

Toda la noche llama contra llama
toda la noche amor.

Toda la noche fiesta en el espejo
toda la noche amor.

Toda la noche amándose a sí misma
toda la noche amor.

Toda la noche tacto y aire fino
toda la noche amor.

CON GOZO Y ARREBATO

Deseó que los brazos
rodearan su cuerpo
y sentir luego el roce
de otra piel en su piel.
Y pronto vio cumplido
lo que ahora anhelaba
con gozo y arrebato
y reía y se holgaba
muy dentro de sí misma
y volvía a su infancia
jugando al ganapierde.
La noche que habitaban

seguía rumorosa
amparando sus cuerpos
como un batir de alas.

LA VENCIÓ EL SUEÑO UNOS MINUTOS

¿Quién sería por Dios quién era
aquel hombre como abstraído
que miraba la luna cómplice
el vaso siempre junto a él
un cigarrillo entre los labios
y desnudo como el demonio?
La venció el sueño unos minutos
mas no se mueve. Sólo mira
a su amante al que hace unas horas
no conocía: bien que él
sí parecía conocerla
aunque acababan de encontrarse.
Mira el reloj. Piensa en su casa:
allí todo será quietud
mientras ella... ¡qué tontería!
Con asombro constata ahora
que ni pesar ni azoro siente.
Se levanta para beber:
él la oirá y vendrá a su lado
para volver a estremecerla.

NO TE VAYAS AHORA

Y le hablaba al oído: ten cuidado
no te vayas ahora no me dejes
no podrás escapar: eres mi niño
y yo te retendré entre las rodillas.
Él es ya sólo náufrago de un buque
del que fue capitán; y continúa

con el pulso agitado y la saliva
con la cabeza en blanco y el ahogo
como un desesperado que quisiera
vivir su propia muerte en otra muerte.
Mas para ella —fuente de agonías—
no hay nada más que un niño y sus sollozos.

UN PERFUME DE JARA

El espejo proclama
las huellas y las sombras
del tiempo que ha vivido

y evidencia los años
en absurdos lugares
donde gastó su vida

por no haber encontrado
lo que siempre soñaba
que un día fuera suyo:

unos ojos durísimos
unas manos precisas
un perfume de jara.

El espejo la invita
a que viva arrebatos
que jamás conociera

porque son sus momentos
las hojas de un otoño
que el aire ha de llevarse.

LA NIÑA QUE JUGABA A LA RAYUELA

La niña que jugaba a la rayuela
y a escapar de las olas en la playa
creció esperando siempre algún prodigio
un viaje imprevisto a cualquier parte.

En el cristal del día fue la luz
la que hurtaba sus horas más felices
y la noche y sus ruidos no trajeron
sino tedio cansancio y mal de amor.

Ella que perseguía el alborozo
se vio acosada por los años feos
y un día tuvo miedo de la vida
al contemplar su ayer en retirada.

¿Y el amor? Ahora ve a su compañero
iluminado por la luna que huye.
Sí: le quiere. El suyo es asimiento
que no conoce tiempo ni fatiga.

ESA FLOR INSTANTÁNEA

Miedo a perderse ambos
vivir uno sin otro:
miedo a estar alejados
en el viento en la niebla
en los pasos del día
en la luz del relámpago
en cualquier parte. Miedo
que les hace abrazarse
unirse en este aire
que ahora juntos respiran.

Y se buscan y buscan
esa flor instantánea
que cuando se consigue
se deshace en un soplo
y hay que ir a encontrar otras
en el jardín umbrío.
Miedo; bendito miedo
que propicia el deseo
la agonía y el rapto
de los que mueren juntos
y resucitan luego.

EN NÍTIDOS ENSUEÑOS

Ya reposa más una obstinación
vela y trastoca en nítidos ensueños
las horas de la noche. ¡Oh almacén
loco de la memoria! Son imágenes
impúdicas y hermosas: el pasillo
fue una alameda por la que avanzaba
junto a su viejo rey vestidos ambos
harapos de oro hasta la habitación:
el lecho el trono la canción del agua
y el placer insufrible. Torna a verse
sentada en su sitial frente a la luna
asiendo con delirio los cabellos
de su señor postrado a su presencia
y se mira a sí misma reflejada
en el cristal hasta que el placer último
le nubla la visión. Y ahora percibe
un no sé qué de apego hacia sí misma.

SE OYEN LOS PÁJAROS

El alba. Se oyen los pájaros
como perdidos en la niebla;
el silencio sube sus cantos
a la penumbra de la estancia.
Él percibe un temblor muy tenue
que estremece la piel que ama
dulce en su ensueño. Muy despacio
la va cubriendo con la sábana
por evitar que se desvele.
Pero unos brazos le envolvían
y se ciñeron a su cuerpo:
eternidad fue aquí lisura
miel y jazmín. Mucho más tarde
aún se oía el cantar de pájaros.

LA TERNURA ÚLTIMA

Tal fuego sofocado que se aviva
por él arde por él.

Toda la noche se llenó de aroma
por él siente por él.

Su corazón caía y ahora vuela
por él late por él.

Vendrá el amanecer de gallo en gallo
por él vela por él.

Sus ojos se entristecen de repente
por él teme por él.

Hombre que ignoras la ternura última:
por ti llora por ti.

UN OLOR A LLUVIA

Que no puedan saberlo
que nada le pregunten.
¡Ah qué noche tan breve
contra todos los días
que han de seguir después!
Si todo se borrara
y no hubiese memoria
de estas horas terribles
y claras ni el sabor
de la miel en la boca;
si sus dedos de ciega
pudieran encontrarle
en un cuerpo que no ama
todo resultaría
como un olor a lluvia
que el aire se llevara
de un jardín que no existe.

TODOS LOS CAMINOS

Tiene que regresar: es imposible
que vaya y siga siempre por lugares
que conoce y que ama y que no vuelva.
Aquí se cruzan todos los caminos
y aquí retornará. ¡Si ella supiera
de embrujos y de encantos y de hechizos
irse y volver sería un mismo instante!
Le mira: está durmiendo como el niño
que sueña justamente que ella es
bruja y encantadora y hechicera.

SE PIERDE COMO EL ECO

Amar es un revuelo
es halago en el aire:
se pierde como el eco
de un disparo en el valle.

Los amantes quisieran
dilatar su caricia:
pero amar es destello
en la noche infinita.

Después el gran silencio
sonoro de la sombra:
ni inútiles palabras
ni tiempo ni memoria.

Porque amor es el dios
que trueca los caminos
los que con él se encuentran
han de darse a lo efímero.

LLEGARÁ SIGILOSA

Se despertó y salía
                    de la estancia
sin que nadie la viera.
                          Tiene tiempo.
Llegará sigilosa
                pues los suyos
aún duermen. Ya prepara
                        el desayuno.
Piensa en su loco amante
                      de la noche;

    le gustan su ternura
                y su rudeza:
ha de volver muy pronto.
                     El sol alumbra
la mesa preparada.
                Ella se cambia.
Tedio otra vez y soledad;
                    mas ahora
sabe de amor y tiene
                  una esperanza.

EL AIRE HUELE A HUMO

¿Qué hará con la memoria
de esta noche tan clara
cuando todo termine?

¿Qué hacer si cae la sed
sabiendo que está lejos
la fuente en que bebía?

¿Qué hará de este deseo
de terminar mil veces
por volver a encontrarle?

¿Qué hacer cuando un mal aire
de tristeza la envuelva
igual que un maleficio?

¿Qué hará bajo el otoño
si el aire huele a humo
y a pólvora y a besos?

¿Qué hacer? ¿Qué hará? Preguntas
a un azar que ya tiene
las suertes repartidas.

Novísima oda a Barcelona (1993)

Capítol primer

PETRUS BARBERANUS

Ara ja fa molts anys, a l'Ora Marítima,
cità Avienus les riques Barcinos
car va veure dos llocs: un poblat
al vessant sud d'un turó sobre el Port,
que dominà les planes fins al riu,
i un altre situat en un puig de la serra.
A aquesta zona arribà abans Cneo Scipió
l'any DXXX de Roma, *ab urbe condita*,
després del desembarcament a Emporion
per tallar la retirada a Anníbal
que ja passava els Alps, de camí cap a Roma.

Es fundà la Colònia i fou anomenada
Iulia Augusta Faventia et Paterna Barcino,
i aviat va quedar comunicada
amb Roma i amb Tarraco per l'àmplia Via Augusta.
Va ser indret militar, de comerç i de festes,
i exportava pernils, esclaus i excel·lents vins,
teixits de llana, cereals i oli.
A poc a poc la gent es va mesclar
amb els conqueridors, més que no ho havien fet
amb fenicis i grecs, que només traficaven.

I la ciutat feliç tenia el Temple
d'August, els aqüeductes i el seu fòrum tan bell,
i les termes també, tot era alçat en pedra.

Capítulo primero

PETRUS BARBERANUS

Hace ya muchos años, en su Ora Marítima,
citó Avieno las ricas Barcinos
pues debió ver dos sitios: un poblado
en la ladera sur de un cerro sobre el puerto
que dominó los llanos hasta el río,
y el otro en una loma de la cordillera.
A esta zona llegó Cneo Escipión mucho antes,
el año DXXX de Roma, *ab urbe condita,*
luego de tocar tierra en Emporion
para cortar la retirada a Aníbal
que cruzaba los Alpes y seguía hacia Roma.

Se fundó la Colonia y fue llamada
Iulia Augusta Faventia et Paterna Barcino
y muy pronto se vio comunicada
con Roma y con Tarraco por la amplia Via Augusta.
Fue enclave militar, de comercio y de fiestas,
y exportaba perniles, esclavos, buenos vinos,
paños de lana, cereal y aceite.
Poco a poco las gentes se mezclaron
con sus conquistadores, más que lo hicieran antes
con fenicios y griegos, traficantes tan sólo.

Y la ciudad feliz tenía el Templo
de Augusto, y acueductos y su foro hermosísimo
y las termas también, todo construido en piedra.

Però Barcino, ai! era cobejada
pels invasors del Nord, francs i alamans,
que el seu enclavament i riquesa volien,
i tenia censats molts cents de ciutadans
quan era hostilitzada, i per això és que fou
cerclada per muralla més alta que cinc homes.
El llatí era parlat i l'entenien tots,
bé que no era gens pur. El cristianisme
s'infiltrà amb les noves onades de soldats,
s'imposà, hi hagué bisbes i basílica.

LXI anys abans que l'Imperi caigués,
Ataülf el Got, arribat de les Gàl·lies
com a aliat de Roma, posà Cort a Barcino.
La vila emmurallada no era pròspera i fou
refugi successiu de gent foragitada:
el comte Sebastià, Teodoric,
el duc Paulus... i el Dret Romà,
barrejat amb el got, ha arribat fins avui,
car els gots foren pocs, i la ciutat
gens no ho notà. Jo, Petrus Barberanus, cristià
descendent de legionari de Gàl·lia Transalpina,
i casat amb Lavínia de Gerunda,
que alabo la ciutat i sa gallardia
i que a més compto els anys segons l'Era Hispànica
restant-li XXXVIII a la de Roma,
crec en l'avenir de Barcino, encara que s'acosten
temps durs, com així ho anuncien
places i esglésies, però penso també
que els fills i els néts, més mestissos que jo,
continuaran vivint aquí, aquí, aquí.

Pero Barcino ¡ay! era codicia
de invasores del Norte, los francos y alamanes,
que para sí querían su enclave y su riqueza,
y tenía censados cientos de ciudadanos
cuando fue hostilizada, y por esto se vio
rodeada de muralla más alta que cinco hombres.
El latín era hablado y entendido por todos
aunque no era may puro. El cristianismo
se infiltró con las nuevas oleadas de soldados,
se impuso, y hubo obispos y basílica.

LXI años antes de caer el Imperio,
Ataúlfo el Godo, llegado de las Galias
como aliado de Roma, puso corte en Barcino.
La ciudad amurallada no era próspera, y fue
refugio sucesivo de huidos:
el conde Sebastián, Teodorico,
el duque Paulus... Y el Derecho Romano,
mezclado con el godo, ha llegado hasta hoy,
ya que los godos fueron pocos, y la ciudad
siquiera lo notó. Yo, Petrus Barberanus, cristiano
y descendiente de legionario galo transalpino,
casado con Lavinia de Gerunda,
que alabo mi ciudad y su gallardía,
y que cuento los años según la Era Hispánica
restando XXXVIII a la de Roma,
creo en el porvenir de Barcino, aunque se acercan
tiempos duros, tal como nos anuncian
en iglesias y plazas, pero creo también
que mis hijos y nietos, más mestizos que yo,
van a seguir viviendo aquí, aquí, aquí.

Capítol sisè

VÍCTOR ALEXANDRE

Sí, vint-i-un anys s'escolen molt de pressa
i més si han estat tensos. Vaig néixer a Barcelona
onze anys després de mort el Dictador,
en data en què la ciutat meva
fou nomenada seu dels Jocs Olímpics.
Moltes coses canviaren des que va finir
l'agonia lentíssima en aquell llit d'horror:
el meu avi explicava que hi hagué joia i pànic
a les cases, que després jurà el rei,
que varen seguir temps de confusió i espera,
que milers de persones clamaven pels carrers
Llibertat, Amnistia, Estatut d'Autonomia,
i que en saber més tard el resultat
de les primeres eleccions ben lliures,
ompliren a vessar la Plaça de Sant Jaume
amb les pròpies banderes, cantant *Els Segadors.*

Capítulo sexto

VÍCTOR ALEXANDRE

Sí, veintiún años pasan rápido
y más si han sido tensos. Yo nací en Barcelona
once años después de muerto el dictador,
en una fecha en la que esta ciudad
fue nominada sede de los Juegos Olímpicos.
Muchas cosas cambiaron desde que terminara
la agonía lentísima en un lecho de horror:
mi abuelo me contaba que hubo alegría y pánico
en las casas, que luego juró el Rey,
que sucedieron tiempos de confusión y espera,
que miles de personas pidieron por las calles
Llibertat, Amnistia, Estatut d'Autonomia,
y que luego, al saber el resultado
de las primeras elecciones libres,
llenaron desbordando la Plaça de Sant Jaume
con sus viejas banderas, cantando *Els Segadors.*

El ángel verde
y otros poemas encontrados (1993)

JULIO CORTÁZAR EN EL OBSERVATORIO

La noche pelirroja te ve andar en esa hora —orificio en la red—
fuera de todo tiempo y cara al aire
por la Rue du Dragon por la Vuelta de Rocha por la Rampa
King's Road o Schulerstrasse sin aceptarte cotidiano
pues para ti la realidad es una pregunta
que asciende la escalera de Jaipur y observa en el espacio
como el sultán Jai Singh desde su torre altísima
pelear por lo inmediato a ese astro que traza exactamente
su ruta en las tinieblas; tu realidad es seguir
la cinta negra hirviente de millones de anguilas
que abandonan el Mar de los Sargazos flotando entre dos aguas
y que después de viajar treinta y seis meses
asaltan los estuarios los ríos y torrentes de la costa europea
se vuelven amarillas —más tarde igual que plata— antes de regresar
al punto de partida —dieciocho años pasados desde que empezó todo—
y desovan allí para luego morir. Retorno dialéctico
del astro y de la anguila cumpliendo un rito cósmico.
Nada es más material que una imagen que no se ata a la víspera
que busca más allá para entender mejor
y andar como tú lo haces en la noche del mundo
luchando a cada instante como el pez o la estrella por lo más inmediato
rozando otro perfil del hombre para luego saltar sobre la Historia

y entrar en esa danza jubilosa que es la realidad y que es el sueño.

EL CALOR MÁS PURO DE ERNESTO MEJÍA SÁNCHEZ

Puse mi corazón
—dijiste— entre las brasas:
y es cierto pues tu vida
ha sido arder y arder y arder
en cualquier paradero
de la tierra. Cobijas
siempre el calor más puro
en tu pecho; y el frío
no te daña ni puede
helarte las palabras
que yo siento muy cerca
—como tu corazón—
mientras estoy leyendo
tus versos incendiados.

HE DE VOLVER

Yo he de volver a Praga sin fronteras
un día, no lo sé, sin sufrimiento
por el qué o por el cómo. No es mi oficio
sino el de ver, palpar todas las cosas
y fijar en palabras mi recuerdo,
y quiero oír el río, cruzar siempre
los mismos puentes, ir de barrio en barrio
como un viejo caballo bajo el sol,
acariciar las piedras y las casas
y dejar que me miren
aquellos hombres de ojos abstraídos
que beben y dormitan mientras cantan.

Allí estaré de nuevo, allí, mi amigo,
te encontraré, quizás dentro de poco,
con tu cara de gallo de pelea
y tus gestos insólitos. Dirás
qué hubo, caray, un trago, y en seguida
estaremos hablando de ciclones,
de Carpentier, de ron o de mulatas,
cosas que allí parecerían locas
si no fuera por todo lo que llevan
viviendo en tu pequeño y tortuoso
pecho de desterrado, del que salen,
igual que lo hacen ahora mis palabras,
al tibio sol, al aire y a los puentes
de la ciudad de Praga en que te emplazo.

CANTAN EN LAS COLINAS

Todas las horas son furor
y alarmas. En la estación del odio
ni las paredes acolchadas pueden
ahogar el grito de la libertad.
Afuera cae la noche de San Salvador
como una enorme manta húmeda y verde
y los cuarteles y las encrucijadas
son de repente citas con el ojo
de un francotirador o con el estallido
de un bote de petróleo. Y allá lejos
por todo el territorio de este país en sombra
se ven pequeñas luces y se oye
cantar en las colinas. Acercaos y mirad
conmigo a la guerrilla: fueron niños y ahora
son hombres y mujeres ya sin lágrimas
que hace tiempo dejaron su familia
su casa su almohada y que están hechos
a la sirena que desgarra el aire
al napalm o al metálico zumbido
de enjambres de helicópteros que escupen
veneno amarillento. Haceos un sitio

en torno a sus fogatas y atended:
no son dioses ni escapan a la muerte
pero siguen cantando entre furor y alarmas.

ESTE RON JUBILOSO

Las más veces ciertas noticias llegan
equivocadas —pues las equivocan
paternalmente para no turbar
el reposo del siervo de los depredadores—
y hay que leer entre líneas
buscar cables de agencia que sean
de más acá de las fronteras
del *american way of life* de mierda
para creer que la casa del justo
no ha de ser saqueada por los siglos
de la vergüenza y que el maíz del hombre
su dignidad y su tierra pueden
escapar a la usura del tiempo
a la desgracia de los zopilotes.
Pero en esta ocasión los hechos
son distintos: saltan en los teletipos
un suceso que no puede ocultarse
y hay que correr hasta la esquina
para comprar una botella
y apurar este ron jubiloso
con los compañeros de las horas difíciles
y reír y cantar con ellos porque hoy
Nicaragua es noticia y es victoria.

SARAJEVO

La noche bosnia es lluvia de metralla.
¿Alguien puede dormir? Un niño llora
en una habitación con las paredes
rotas por el impacto de un mortero.

¡Ay, Sarajevo!

Las balas trazadoras iluminan
el paisaje arruinado de la vieja
perla del río Miljacka. Y el niño
sigue llorando en medio de este infierno.

¡Ay, Sarajevo!

El almuédano llama a la oración.
¿No oís aún el llanto de ese niño?
Es más triste que todos los que mueren
más duro que el salvaje bombardeo.

¡Ay Sarajevo!

SUS OJOS PARA TI

A la Prieta Mamey
de José Lezama Lima

Corta el agua con hilos de vinagre
reza luego y prepara
granos de arroz y pólvora teñida.
Machaca en el mortero un papel que haya escrito
y pelos de su pubis:
no olvides los ensalmos a la diosa amarilla.
Reza mujer.
Que encienda Ochún sus ojos para ti:
no le perderás nunca cuando vuelva a tu lado.

HACIA MORELLA

A horas altas revivo tu contorno
me acerco en duermevela
para besar tu aire y rodear

tus murallas Morella
y acogerme a tu asilo y asimiento;
pues soledad me muerde
araña negra quiere envenenar
el vino de mi bota de montero
por detener mi viejo corazón:
yo sólo quiero recordar ahí
a alguien a quien amé
feliz sobre una manta de colores;
revivirnos a mí y a la muchacha
nuestras siluetas juntas:
lo más hermoso que jamás yo viera.

SÓLO EL NEGRO

En el reino de los colores
todo es luz y todo es presura:
dedos de añil rayan el mar
grita el rojo como un cuchillo
en el bosque está el miedo verde
el amarillo cubre el trigo
un lago copia los azules
el naranja se fue rodando
y la nieve pide su turno.
Sólo el negro no tiene prisa.

EN UN MUNDO DE PIEDRA Y POESÍA

Si habitas un espacio
—no si vives en él sin darte cuenta—
si lo notas y sientes en la piel o el oído
en el gusto u olor de su materia
y al fin consigues que tus ojos vean
lo que miraron antes sin poderlo entender

pensarás en seguida que tu cuerpo
se prolonga en tu ropa o en su silla gótica
y se amplía hasta hacerse habitación
calle estrecha o anchísima avenida
plaza o pueblo o ciudad o región entera;
se transforma en país o continente
con praderas montañas y dilatados ríos
y podrás comprobar que tu cuerpo y tu traje
tu habitación y tu casa y tu coche
son sucesivas capas de una piel que te cubre
tal si vivieras dentro de una enorme cebolla
que flota en otro espacio aún más inmenso.
Comprenderás entonces que este mundo que antes
no supiste entender ni imaginar
es todo un universo que te envuelve
que late al ritmo de tu corazón
y que contiene mínimos y hermosos
espacios como células ambiguas:
tejido esplendoroso que borra las fronteras
de tu celda de preso y que te impide
que pienses o hables de ahora en adelante
de ciudad construida o bosque de abedules.

SOBRE UN POEMA DE CATULO

Pedicabo ego vos et irrumabo
Petra asexuada y Juana la supérstite
felices en un reino muy sufrido
en un Parnaso de segunda mano.
Consideráis que soy un mal poeta
pues cantan cosas mías en las calles:
las cantarán después de veinte siglos
aún sin saber mi nombre. De vosotras
quedará acaso el nombre y ningún verso.
Gozad ahora vuestra gloria efímera:
Pedicabo ego vos et irrumabo.

NO TE CANTO TERESA

Teresa nunca he de olvidarte;
no empezaba el cielo en tu frente
mas deslumbrado llegué a ti:
yo era —y aún soy— muy inocente.
Así empezó el gran disparate
de ir a tu casa porque en breve
descubrí que eras una zorra:
te encatrabas conmigo siempre.
Lo que ocurrió es inenarrable:
seguir contigo era la muerte;
pero una noche pude huir
por la ventana del retrete.
No te canto Teresa: fuiste
una donna troppo esigente.

TERCETOS PARA ALICIA IBÁÑEZ

A veces alguien siente
que escapa la alegría:
a mí me pasa Alicia.

Pero hay que ir detrás de ella
por sueños y vigilias;
tú igual que yo, mi chica.

Cuando todo es oscuro
de pronto una luz brilla:
es amor a la vida.

El amor a los otros
en ti se multiplica:
¿Quién no te solicita?

Recuerda estos tercetos
mi bonita cerilla.
Te quiero mucho Alicia.

EL ÁNGEL VERDE

El ángel era extraordinario
y tenía las plumas verdes.
Se sentó junto a mí en un banco
del Turó Park. No dijo nada
pero sopló sobre mi frente.
Yo creí que era un ser alado
que se ocupaba solamente
de vigilar el colorido
de los olmos y los laureles.
¿Quién eres? dije ¿un ángel puro?
¿Te pintó Rafael Alberti?
Una sombra se acercó al punto:
era el guarda. ¿Qué le sucede?
A mí nada. ¿Por qué lo dice?
Porque habla solo. No señor:
yo preguntaba al ángel éste.
Mejor se vuelva usted a la casa
la insolación es mala siempre.
Me levanté y salí del parque.
Conmigo vive el ángel verde.

Como los trenes de la noche (1994)

NIÑO QUE FUISTE

Niño que fuiste: ellos mostraron
una cara de la moneda:
una verde pradera suave
en la que todo era festivo
si cumplías lo que ordenaban.
Tardaste poco en descubrir
que la otra cara era afrentosa
y que el mundo en el que caíste
era un absurdo hacia la nada.
Niño que fuiste: no le dejes
ahora que acaba vuestro tiempo.
Id los dos juntos al andén
para emprender el gran viaje.

AQUELLA FLOR

Viste que nada era durable
desde muy niño. Que una flor
se abre se ufana aroma y luce
y cae después en el jardín.
Y aunque otras flores surjan luego
—muy semejantes— ni una de ellas
será la flor que despertara
tus sentidos: aquella flor.
Personas meses lluvias y ansias
se te escapaban de puntillas

por no dañarte. Pero tú
aprendiste de la flor única
el amor de lo que perece
y la herida de lo que ha muerto.

FRÍO EN EL SOPORTAL

Una muchacha canta lejos.
Aunque no entiendas las palabras
te alegra el aire de su tono.
¡Ay canción! Todas las mujeres
que tú amabas fueron la misma
que viaja siempre contigo
en un tren que no se detiene.
Atrapado por el crepúsculo
vas de las llamas del hogar
a la incierta claror que huye.
Hace frío en el soportal
pero ya no te sientes solo:
la muchacha de tono alegre
sigue cantando para ti.

LOS ORÍGENES

¡Si ella pudiera ver contigo
el viejo cuarto de los sueños!
Dejando atrás la oscura verja
vuestros pasos resonarían
hasta el porche sobre la grava.
Se abre la puerta y un pasillo
con sus baldosas negro y blanco
os acompaña hasta una estancia
con balcón. Las estanterías
llenas de libros rodeaban
tu estrecha cama. Ahí leíste

noches y noches. Por entonces
ya querías ser escritor:
fue tu refugio de cachorro...
Mujer: te cuenta sus orígenes
porque no puede conducirte
a una casa que ya no existe.

VIENTO SUCIO

Hora nublada. Brotes lila
—medio velados— de un ciruelo:
otro color de este paisaje
tan cambiante como ella.
Porque es a veces flor de almendro
amarillea tal retama
se hace ardiente amapola única
o es más fosca que negra estepa.
Por sus colores se adivinan
los días feos los radiantes
las estaciones y los meses.
Debe ser mediodía y algo
va a suceder. Un centelleo
la acerca a ti: lo presentías.
Un viento sucio bate el llano
y la despeina y estremece.
Enlazados por la cintura
escapáis siguiendo la trocha
para alcanzar el cobertizo
antes que llegue la tormenta.

UNA SOMBRA

Viento seco hería tu rostro
mal afeitado y carcelario
cuando dejabas una casa
que no era tuya. ¿Qué te hacía

impartir dones egoístas
entre personas que te amaban
aunque fuera por una noche?
Una sombra doblando esquinas
cruzando calles: eso eras.
La violencia te llevaba
a enfrentarte a tu propio miedo:
no podías quedarte a solas
con tu angustia y con tu tristeza.
Tu temor por el abandono
te hizo invadir casas ajenas
vidas ajenas y gin-tonics.

LA PUERTA DE ATRÁS

Llegó la noche poco a poco
por no alertar. Igual que tú
usa la puerta de servicio
con los zapatos en la mano.
Pero la casa está vacía.
¿A quién querías engañar
amparado en tu vieja astucia?
En el salón sigues bebiendo
mientras te burlas de ti mismo.
Nadie te dice: Vuelve pronto
porque la sombra es peligrosa
y la puerta de atrás aciaga.
Mientras escuchas a Arnold Schönberg
fumas echado en el sofá.
Al regresar tu gente a casa
a buen seguro estés dormido.
Soledad: nunca te ha gustado
y está contigo en el salón.

CEPAS DESNUDAS

El niño está con su cuaderno
y los lápices de colores
dibujando a tu lado. Dice:
Este almendro no tiene hojas
porque es invierno ¿ves cómo huye
esa liebre sobre la escarcha?
¡Ah el invierno! Cepas desnudas
vaho de tu aliento al caminar.
Tú aguardabas detrás de un tejo
los ladridos entrecortados
y la carrera velocísima
de la rabona hacia el otero.
Disparabas: la voltereta
y la perra te la traía.
El niño ahora te pregunta:
¿Su cola es blanca por detrás?
Claro que sí. Hay en tu vida
muchas vidas. Como dibujos.

NO TIENE ROSTRO

La ingenuidad nunca fue un don
que hayas tenido. Ante el café
con los periódicos del día
desconfías de las palabras
que esconden múltiples sentidos.
Dudas si lees Democracia
pues recuerdas que viste muchas
que todas eran diferentes
y ninguna te convencía.
Libertad ¿para el exterminio?
Igualdad ¿sólo en la miseria?

Fraternidad ¿quién es tu hermano?
En la calle rostros perdidos:
todos estamos sentenciados.
Y el verdugo no tiene rostro.

UNA REVELACIÓN

Todo lo que has sentido: todo
lo que cantaste con palabras
si son sólo emociones tuyas
—vivencias tuyas— poco importan.
Porque deseos y esperanzas
y mal de amor y sufrimiento
los tienen muchos. Mas si cuentas
algo que pueda despertar
una emoción dormida en otro
—una revelación entre las líneas—
el poema termina ahí
en el pecho sobresaltado
que lo repite y hace suyo
hasta olvidar quién lo escribiera.
Entre el poema y el autor
la primacía es del poema.

Cuadernos de El Escorial (1994)

OBRASTE EN CONSECUENCIA

Aquel crítico idiota dijo: «Éste sí es muy hermoso;
es tu mejor poema.» Y tú te apresuraste
—en llegando a tu casa— a echar a la basura
por simple precaución el poema elogiado.

SUTILEZA DE AMOR

Al oír que él decía: «Te querré hasta la muerte»
la muchacha no pudo jamás imaginar
que con los años ella la víctima sería
y el hombre que la amaba su implacable verdugo.

LUGAR MUY INDICADO

En la carta se duele de no seguirte viendo
pues se encuentra en el campo con toda la familia.
Allí estará muy bien. ¿No afirma la muy zorra
que ella es tan delicada como una flor silvestre?

EDUCACIÓN EJEMPLAR

No te duelas si alguien te cuenta que tu hijo
tiene deudas y miente y anda en negocios turbios.
Siempre me repetiste que tú le enseñarías
a ser buen ciudadano si seguía tu ejemplo.

VETUSTA

No envidié al altanero y bravucón Mesía;
compadecí a De Pas porque sufrió de amor.
Hasta Oviedo no hallé tanta mujer hermosa:
pero entonces ¡oh Alarcos! el vetusto era yo.

EL POEMA: NO YO

Hay quien lee y quien canta poemas que yo hice
y quien piensa que soy un escritor notable.
Prefiero que recuerden algunos de mis versos
y que olviden mi nombre. Los poemas son mi orgullo.

NO SERÁ TU LEANDRO

Ese hombre al que desprecias pues no se fija en ti
pero que afirmas arde en sofocos por verte
por tu amor no cruzara el Helesponto a nado
ni el lago del Retiro ni el flaco Manzanares.

NUEVOS POBRES

Tengo fama de rico pero puedo juraros
que si hubo nuevos ricos tras la Guerra Civil
nuevos pobres tornáronse mi padre y mis hermanos.
Robé para comer. Y luego por costumbre.

TU REINO ES EL CAFÉ

Luces en la tertulia como una reina mora;
tu aguijón venenoso también clavas en mí:
pero estoy vacunado. Alfonso el cerillero
me lo cuenta el muy pillo. Y reímos los dos.

INCOMPRENSIBLE

Su familia le quiere: no se sabe el porqué
ya que ha sido mal hijo mal hermano y marido
mal padre y ahora un viejo abuelo cascarrabias.
Quizá en sus desvaríos guarda algo de ternura.

LOS EXTREMOS SON MALOS

No te prodigues tanto: publica con mesura
pero tampoco ahorres tus libros al lector.
Los extremos son malos: hay que acertar el punto.
Un diamante es más caro que muchas amatistas.

EL DESAMOR

Muchacha: si es verdad que con él ya ni hablas
y él dice que le sienta muy bien estar callado
no os conviene vivir compartiendo la casa:
romped el desamor antes que os muerda el odio.

NO SALE IGUAL PARA TODOS

Es falso que el sol salga siempre igual para todos.
Un rico lo disfruta en su piscina cálida
mientras bebe una copa. Y otros están sentados
y aprovechan sus rayos para matar el frío.

PREFIERES SU TONADA

Tiemblas cuando ella canta: y lo hace muy quedito.
Prefieres su tonada al ruiseñor del alba.
La escuchas junto a ti agotados los dos
por la noche de amor que habéis vivido juntos.

POUR UN FAUX ÉCRIVAIN MAUDIT

No cuentes más que escribes una inmortal novela
pues hace muchos años que lo vienes diciendo.
Ya no te creen. Aunque andes sucio y borracho
nunca serás tenido por escritor maldito.

QUIERES MORIR DE AMOR

Por detrás te empujaron y llegaste al desmayo.
Pero al día siguiente sentado en el Café
me cuentas que estás triste: no por lo que has gozado
sino porque quisieras morir: no desmayarte.

OJO CON LA AMBICIÓN

Para alcanzar un sitio en el Monte Parnaso
un mal poeta rinde sus nalgas a un mal crítico.
Y se equivoca: el crítico es un gran trepador.
Su única maestría la ejerce con la pija.

TIRAD CONTRA EL POETA

Si notáis que chocheo y me vuelvo un payaso
un absurdo ambicioso de honores y de fama;
y dejo a mi familia por una cuarentona
por caridad os ruego que me peguéis un tiro.

CARA BONITA

Te pintas demasiado ya que eres muy hermosa;
cuando dejas la ducha pareces una niña.
No emplees crema alguna paloma de septiembre:
te prefiero mojada y sin afeite alguno.

HORACIO: SABES EQUIVOCARTE SOLO

Duro es perder amigos por cuestiones políticas.
Porque ser militante comunista o cristiano
por experiencia sabes que es negarse a pensar.
Cualquier Fe es un droga. Las rechazaste todas.

MADRES DEL MAYO FRANCÉS

Lidia a la que yo amo sin ser correspondido:
un día me contaste que la hermosa revuelta
sirvió para que muchos de aquellos trepadores
a un catre os empujaran diciendo: ¡Ya sois libres!

POSTURA INCONFORTABLE

Si puedo jamás entro en urinarios públicos.
¡Contar los azulejos de cara a la pared!
Si un vecino se asoma por vérmela: me alegra.
A veces truena el agua como un fusilamiento.

AHORA NO

Afirmas que me ama cierta muchacha nórdica
inteligente y bella. ¿Mas no sabes mi amigo
que me ata el negro pelo de una mujer paisana?
Se acabaron los años de la disipación.

SIEMPRE AGUARDAS TERNURA

No puedes olvidarla: murió siendo tú un niño
y a veces crees verla. Al perder su calor
siempre pides afecto; siempre aguardas ternura.
Por eso te rodean amigas: más que amigos.

A UN JOVEN ESCRITOR RECIÉN LLEGADO A LA CORTE

Te miran con sospecha pues no andas con mujeres
ni te dan por detrás ni tú enculas a nadie.
Realmente este mundo llamado intelectual
es más chismoso aún que un patio de vecinos.

TÚ ME LLAMAS CRUEL

Porque salgo temprano de caza con la perra
y vuelvo con perdices y si hay suerte una liebre
tú me llamas cruel. Mas cuando comes carne
¿no piensas que proviene de animal que fue vivo?

PADRE QUE YA NO EXISTES

Si pudieras oírme ¡oh padre que no existes!
sabrías que ahora entiendo qué hicieras por tus hijos
y que antes no intuía: tu vida fue un infierno.
Ahora peno por ti por tu amor a una sombra.

TE LLAMAN MESALINA

Si te lavas las partes que no pueden llamarse
íntimas —pues son públicas— lava también tu boca;
pues nadie besaría labios porque piensan
qué habrás hecho con ellos hace quizá unas horas.

LA FAMA NADA PESA

Envejeció y los jóvenes repetían sus versos;
los cantaban también. La fama nada pesa
pero a él le molestaba recibir tanto libro
de pésimos poetas pidiendo su opinión.

DE CUERPO PRESENTE

Él oprimió a su pueblo matando encarcelando
a cualquiera que ansiase libertad y democracia.
Pues bien: murió en la cama: los que le rodeaban
enguantaron sus manos manchadas por la sangre.

MIS DOS CARAS

No quiero más locuras ni ser un rey mendigo:
éstas son las dos caras que yo mostré a la gente.
La vida se me escapa. Quiero desgraviar
a amigos que ofendí: ya aguantaron bastante.

NO TOQUES A JUAN GOYTISOLO

Si estando yo delante porfías en tus gracias
te romperé la cara cuando hieras u ofendas
a Juan: porque no sólo por hermano le admiro
sino por escritor; por su pluma insumisa.

CONSEJO A UNA INOCENTE

Si hablas con tu marido y aparece tu amante
debes mirarle al punto y hacerle mucho caso;
pues si no tu marido entraría en sospechas
si fingieras que el otro casi nada te importa.

MARTA: NOS REENCONTRAMOS

Chica: fuiste la hermana sufrida en la desgracia.
Te tocó un papel feo cuando aquel infortunio.
Luego el viento del mundo nos separó. Mas quiero
decir que te añoraban mis años quebrantados.

NO ALCANZARÁS SU ARTE

Crees que porque enculas a cualquier muchachito
alcanzarás el arte de Jaime Gil de Biedma.
Él era homosexual y altísimo poeta
y tú un escritorzuelo y un triste maricón.

LA MÁS BLANCA

Oye dulce chiquilla: jamás los trovadores
y nunca los juglares podremos olvidar
tu desvelo y ternura cuando nos acogiste
ni tu tez luminosa como una flor de almendro.

PIENSO EN IVONNE

Las sombras más crueles cayeron sobre ella.
¿Quién pudo imaginar que Carlos no estuviese?
El duelo cambiaba toda una vida juntos;
y ahora me siento triste pensando que ella pena.

AÑOS IMPUROS

Nos conviene —me dices— que gane la derecha:
así regresaríamos a nuestros años puros
de oposición como antes y clandestinidad.
¡Ah no! Para mí fueron los años más impuros.

MENGUADO ARDOR

Chica de ojos azules: no te enojes conmigo
ni creas que es ofensa que renuncie a tu amor.
Menguado ardor conservo para corresponderte:
piensa que yo pudiera por edad ser tu abuelo.

Las horas quemadas (1996)

EL VERDE OSCURO Y TERSO

Reinaba el limonero sobre el fondo
del jardín y aunque nadie lo regaba
debió beber la lluvia y el rocío
pues era hermoso y fuerte. Cuando echaba
la flor de azahar colmaba de lisura
el aire. Y aún ahora en el recuerdo
sigue ofreciendo frutos amarillos
como hizo siempre que el jardín duró.
Después —en donde estuvo— un edificio
señala la ignominia. A ojos cerrados
el verde oscuro y terso de las hojas
sigue brillando sobre el tiempo ido.

CONCHITA ERA SU NOMBRE

Le cuidaba y temía acercarse a los hombres
que le decían cosas porque era muy bonita.
Y le hablaba de Asturias: aún recuerda
su acento. Y lo que más él deseaba
era oírle decir: *a la camina.*
Y le ayudaba a desvestirse al punto.
Luego abría su blusa. Los durísimos
botones de sus pechos en los labios:
una mano servía a cambiarlos
y la otra se hundía entre la falda.
Cada noche seguían con el juego.
Neno: no digas nada. Le daba gusto y miedo.
Él tenía seis años y ella tal vez catorce.

PEPITO TEMPERAMENTO

Él cruzaba la calle polvorienta.
Dos pistolas al cinto: de los Reyes.
Apartando caballos subió al porche.
Un empujón: las puertas de vaivén
se cerraban tras él. Se hizo el silencio
y le dejaron paso. Las mujeres
—siempre eran rubias—ya le sonreían
desde sus taburetes. No hizo caso.
Avanzó lentamente hasta la barra
y el encargado preguntó ¿qué sirvo?
Alzó los ojos; dijo: lo de siempre.
Y le sirvieron leche con cacao
que se bebió de un trago antes de irse.
Al despertar el cinto y las pistolas
pendían del respaldo de la cama.

SIN AFÁN NI DESTINO

Oye silbar el viento de la noche:
nunca es el mismo: siempre se renueva.
En su casa de entonces él tenía
la estrecha cama cerca del balcón.
Prefería la música en los árboles
a dormir. Es muy díscolo este niño:
no atiende a lo que dicen los mayores.
A las voces del viento sí atendía
porque nada ordenaban. Eran ritmos
fluyendo entre la sombra sin afanes
precisos: como él que no entendía
por qué todo se hacía para algo
cuando la vida era feliz sin rumbo.
El único sentido de la vida
era sin duda no tener sentido.

AIRE DE LA SIERRA

Bajo aquel cielo leve y transparente
el frío se metió en su gabardina
en su jersey camisa y camiseta.
Abrigo sí tenía aunque muy viejo:
mejor ir aterido que dar pena.
En calles plazas y anchos bulevares
de la Moncloa andaba muy deprisa
porque el aire nevado de la Sierra
era más duro que una cuchillada.
Mejor el barrio viejo. Lavapiés:
el alboroto de los vendedores
y la gente empujándose. Las tapas
y el vino devolvían a su cuerpo
una sensación falsa de calor.

DÍA ANODINO

Se asoma a la ventana. Está la calle
con gente haciendo ruido en el mercado
y en la calzada coches y autobuses
atienden al semáforo. Todo es
una vida ordenada que se cumple
tediosa. Y él escapa hacia la ducha
de un día repetido. Bajo el agua
alguna imagen y otra y otra más:
son los ojos de gata de su prima
la donosura de un círculo en flor
la última carta para un póquer de ases
o el vaso helado del primer gin-tónic.
En un día anodino cosas dulces.

UNA FLOR MUSTIA

Ayer vino para decirle
que él siempre rompe lo que ama
que si toca una flor la mustia
que es peor que una cuchillada
que se ve que regresa y huye
como un galope de caballo
como un ruido de tempestad
como un olor de zorro en fuga.
Ayer vino para decirle
que sentía frío en el pecho
y que ya nunca volvería.
Ella no estaba y le dejó
una flor mustia ante la puerta.

LA ISLA DESEADA

Llevada por su vuelo ella estará
rodeada de asombro y de colores
de orquídeas y de loros y cilantros
igual que en las novelas que leyó.
Al darse cuenta de que no era niña
se posó en una isla del Pacífico
para encontrar sus sueños y encontrarse
con sus sentidos. Y traerá collares
de semillas e ídolos fantásticos
y contará sus estremecimientos
con muchos hombres y fumando opio
y bebiendo infusiones demoníacas
ricas en hierbas y en cortezas áulicas.
Y pensará que toda decadencia
aflige a los demás y no a ella misma
que brilló con fulgor cuando era joven

y olvidará que entonces fue su vida
más luminosa que cualquier viaje
y que era ella una isla deseada.

YA NO SE PUEDE REGRESAR

Olvido: cubre con tu traje blanco
de nieve o niebla días que vivió
pero sin saber bien qué estaba haciendo
sin conciencia de estar obrando mal
o bien. Olvido: haz que se fundan todas
aquellas horas y no vuelvan nunca
que él ahora no puede andar atrás
falsear el argumento de la obra
criticando a los otros: no a sí mismo.
Las memorias engañan: no estos poemas.

EQUIVOCÓ SU VIDA

Personas que creía conocer
pero que no recuerda le saludan:
Muy buenas tardes. ¿Todos bien en casa?
Una muchacha alegre le da un beso.
Las tiendas han cambiado de lugar
y las fachadas son de otros colores:
alguien borró el anuncio del café.
Los árboles son tilos y no plátanos
y arrancaron los bancos de la plaza.
¿Dónde estará su casa? Este portal
no es; horas en blanco. ¿Qué hace aquí?
¿Cómo se llama y quién le está siguiendo?
Equivocó su vida; no su barrio.

PEQUEÑOS DONES

Entonces fue feliz. Volvió a mirar
el color arcilloso de los campos
en el atardecer; las altas nubes
entre rosa y violeta. Cuando oía
a los niños jugando ante su casa
o las campanas en la torre alta
volvió a sentir el goce de lo efímero
de estos pequeños dones. Y mañana
a cazar caminando entre jarales
con la perra delante. Una perdiz
sería igual que detener el vuelo
de su existencia porque él nunca supo
romper el aire de su altanería.

NEGRITA: NO TE OLVIDA

Poner fin al dolor causa dolor.
Recuerda a aquella perra suplicante
mirándole y gimiendo: no podía
ni caminar. En coche a un descampado:
y disparó mirándola a los ojos.
Pensó: que así caridad tengan: que
no dejen que muera retorciéndose
en una horrible cama de hospital.

EL ROSTRO QUE CONJURA

Cuando llegue la hora de partir
que a su lado esté ella: que le mire
y que apriete su mano. No le asusta
regresar a la nada. Más quisiera
llevar al otro lado su figura.

La eternidad no existe. Cuando supe
amar a esta mujer y cuando mira
a quien le mira sabe que el infierno
estuvo aquí; también su paraíso.
Al fin y al cabo nadie le invitó
a entrar en este mundo que sabía
no iba a durar por siempre para él.
Pero ha tenido el rostro que conjura
ver al final. El viaje no le importa.